Les Écoles Maternelles

Les Écoles Maternelles

DÉCRETS, RÈGLEMENTS ET CIRCULAIRES EN VIGUEUR

MIS EN ORDRE ET COMMENTÉS

PAR

Madame PAULINE KERGOMARD

ACCOMPAGNÉ D'UN EMPLOI DU TEMPS

NOUVELLE ÉDITION MODIFIÉE ET CORRIGÉE

PARIS

LIBRAIRIE CLASSIQUE FERNAND NATHAN

16 ET 18, RUE DE CONDÉ (6e)

PRÉFACE

Dans la circulaire du 22 février 1905, adressée aux inspecteurs d'Académie, le Ministre de l'Instruction publique recommande à ces fonctionnaires « d'exiger que le personnel des écoles maternelles connaisse les lois, règlements et circulaires concernant ces écoles, ne serait-ce que pour se confirmer dans les directions qui leur sont données, pour les opposer aux prétentions de leurs collègues et des familles ».

L'opportunité et la nécessité de cette étude sont indiscutables ; mais la pratique en serait difficile et peut-être fastidieuse pour les éducatrices maternelles, si celles-ci étaient forcées d'étudier tout ce qui règle la matière depuis 1838, pour ne retenir que ce qui reste conforme à la réalité actuelle, mise en lumière par la circulaire du 22 février 1905.

Nous avons fait pour elles le triage et nous leur en présentons le résultat dans cette petite brochure où l'on trouvera exclusivement :

1º Le code des devoirs des membres du personnel administratif et enseignant ;

2º Le code des droits des membres du personnel maternel enseignant, considérés comme fonctionnaires de l'université.

Une école maternelle exigeant pour être autre chose qu'une création imaginaire :

1º Un local meublé et pourvu de matériel ;

2º Un personnel d'éducatrices ayant des devoirs et des droits ;

3º Une population scolaire vers laquelle doivent converger la sollicitude avertie de l'administration, le dévouement intelligent, l'amour profond et agissant des maîtresses, nous avons divisé notre travail en quatre parties :

PREMIÈRE PARTIE : *Local*

a) Local ;
b) Mobilier ;
c) Matériel.

DEUXIÈME PARTIE : *Personnel*

a) Conditions d'âge et de capacité ;
b) Traitement ;
c) Vacances ;
d) Surveillance (inspection) ;
e) Conseil départemental ;
f) Conseil supérieur ;
g) Peines disciplinaires ;
h) Récompenses.

TROISIÈME PARTIE : *Hygiène*

a) Prescriptions légales ;
b) Circulaires.

QUATRIÈME PARTIE : *Enseignement*

a) Décret du 18 janvier 1887 ;
b) Ojet et méthode ;
c) Circulaire du 22 février 1905.

Des notes intercalées dans le texte ont pour but :

1° De rappeler au personnel que les lois ne sont pas immuables ; qu'elles se modifient d'après l'évolution naturelle de l'esprit et de la conscience, ainsi que d'après les conquêtes scientifiques ;

2° D'affirmer le droit et le devoir de tous ceux qui s'occupent de l'enfance, d'envisager les progrès accomplis comme un ferment de progrès nouveaux. Il faut mettre nos écoles en harmonie avec le progrès incessant.

Pauline KERGOMARD.

Les Écoles Maternelles

I

LOCAL

INSTRUCTION

CONCERNANT LES LOCAUX, LE MOBILIER ET LE MATÉRIEL
D'ÉDUCATION ET DE MÉNAGE DES ÉCOLES MATERNELLES

I

CONDITIONS GÉNÉRALES

ART. 1er. — Le terrain destiné à une école maternelle doit être central, bien aéré, d'un accès facile et sûr, éloigné de tout établissement bruyant, malsain ou dangereux.

Le sol devra être sec ou asséché par un drainage.

ART. 2. — La superficie du terrain sera évaluée à raison de 10 mètres environ par élève; elle ne pourra toutefois avoir moins de 500 mètres.

L'école et ses annexes seront clôturées; les clôtures seront ajourées autant que possible.

ART. 3. — Quand l'école maternelle fera partie d'un groupe scolaire, on évitera de la placer entre l'école de garçons et l'école de filles. On la placera de telle façon que le bruit des récréations fréquentes des jeunes enfants ne soit pas une gêne pour les élèves et les maîtres des deux autres écoles.

Art. 4. — Dans les communes où le même bâtiment contient l'école et la mairie, les deux services devront être complètement séparés.

Aucun service étranger à l'école ne pourra être installé dans les bâtiments scolaires.

II

CONSTRUCTIONS

Art. 5. — La disposition des bâtiments sera déterminée d'après le climat de la région, en tenant compte des conditions hygiéniques, de l'exposition, de la configuration, des dimensions, de l'emplacement, et surtout de la distance des constructions voisines.

Art. 6. **Orientation.** — Autant que possible, les constructions devront être placées de telle sorte que, tout en ayant un de leurs grands côtés exposé au Midi ou au Sud-Est, elles ne portent jamais d'ombre à la cour de récréation.

Art. 7. — Tous les locaux à l'usage des enfants seront de préférence situés au rez-de-chaussée.

Art. 8. **Matériaux.** — Si les murs sont en moellons, ils n'auront pas moins de $0^m,45$ d'épaisseur ; s'ils sont en briques, ils n'auront pas moins de $0^m,35$. On arrondira partout les angles.

La tuile et l'ardoise seront employées de préférence au métal, pour la couverture.

Art. 9. — Le sol du rez-de-chaussée sera exhaussé de $0^m,60$ au-dessus du niveau extérieur. Les pentes du terrain entourant la construction seront ménagées de façon à en éloigner les eaux.

Si le plancher n'est pas sur cave, il sera isolé **du** sol par un espace permettant l'aération de la partie inférieure, avec soupiraux pouvant se fermer.

Les sols des pièces seront de préférence cimentés et recouverts sur toute leur surface d'un épais linoléum (¹) collé, dont les bords se *relèveront en plinthes arrondies* le long des murs et des cloisons.

Toutefois, on pourra admettre les parquets en bois dur, scellés autant que possible sur bitume, et aussi le bois de sapin dans les régions où il est seul en usage, à condition qu'il sera employé par bandes étroites passées à l'huile de lin bouillante.

On ménagera dans les allèges des fenêtres de petites ouvertures pouvant se fermer hermétiquement et descendant jusqu'au niveau même du sol pour permettre l'évacuation des eaux de lavage.

Art. 10. — Tous les locaux scolaires auront au moins 4 mètres de hauteur sous plafond.

Les plafonds seront planes et unis.

Il n'existera pas de corniche autour des murs.

Les angles formés par la rencontre des murs ou cloisons entre eux, ou avec les plafonds, seront arrondis sur un rayon de 0^m,10.

Art. 11. — Tous les parements intérieurs seront recouverts d'un *enduit lisse permettant de fréquents lavages*. Autant que possible, sur une hauteur de 1^m,20 au moins à partir du sol, on placera un *revêtement de faïences* émaillées ou un produit également lavable et clair. Ce soubassement pourra être arrêté à sa partie supérieure par un champ en bois pourvu de petits crochets pour cadre à gravures ou autres objets.

(¹) Diverses expériences ont prouvé la supériorité du linoléum de bonne qualité pour la durée, la facilité d'entretien et la diminution des poussières comme pour l'atténuation de la sonorité et celle des variations de la température.

On évitera les moulurations, en maçonnerie comme en menuiserie.

Les *peintures intérieures*, de tons toujours *clairs*, seront *laquées* ou *émaillées* de façon à permettre de fréquents lavages et une facile désinfection.

ART. 12. **Ouvertures.** — Si les portes ne sont qu'à un vantail, celui-ci aura $0^m,90$ de largeur. Celles qui donnent directement des salles sur l'extérieur de l'établissement (rues ou chemins) sont interdites.

Les fenêtres, de préférence rectangulaires, et les baies seront aussi vastes et aussi nombreuses que possible.

Les linteaux seront placés immédiatement sous les planchers, de façon à donner aux ouvertures le maximum de hauteur.

Les allèges ne s'élèveront pas au-dessus de $0^m,50$ du sol afin de permettre largement aux enfants la vue de l'extérieur, et toutes les mesures seront prises pour éviter les bris de verre et autres accidents.

Toutes les fenêtres et leurs impostes seront ouvrantes, ainsi que les doubles fenêtres si le climat en exige. Les crémones ou béquilles seront à environ $1^m,60$ au-dessus du sol.

Les stores, s'il en est besoin, seront d'un système propre à intercepter les rayons du soleil, sans empêcher la circulation de l'air.

ART. 13. — L'éclairage par plafond vitré est interdit comme source principale de clarté, mais il peut être employé pour procurer un complément de lumière.

ART. 14. **Étages.** — Si on est obligé d'installer des classes au premier étage, cet étage sera pourvu d'un water-closet et d'une prise d'eau pour lavabo ; il ne sera desservi que par des escaliers droits sans partie circulaire, avec paliers de repos.

Les marches auront au minimum $1^m,35$ de largeur,

0^m,28 à 0^m,30 de foulée et au maximum 0^m,16 de hauteur ; toutes les arêtes seront abattues.

Les barreaux de la rampe seront espacés de 0^m,13 d'axe en axe. La main-courante (hauteur minimum 1^m,30) sera garnie de boutons saillants placés à 1 mètre de distance au plus pour prévenir toute tentation de glissade. Une seconde main-courante, placé celle-ci à la hauteur d'une main d'enfant, sera disposée le long des murs.

ART. 15. Terrasses. — Il pourrait être avantageux, surtout dans les villes où les espaces sont souvent restreints, de couvrir les bâtiments par des *terrasses* accessibles aux enfants, en les entourant de clôtures donnant toute sécurité. A cet effet, l'emploi du ciment armé pourrait rendre de grands services. Il semble même que, s'il était employé ainsi que la brique armée pour l'ensemble de la construction, toutes les prescriptions précédentes pourraient être facilement et économiquement observées.

ART. 16. **Chauffage.** — Dans les écoles un peu importantes, le chauffage (¹) devrait être obtenu par

---

(¹) Ce chauffage d'ensemble a de grands avantages, entre autres ceux de prévenir tout danger de brûlure et de simplifier beaucoup la main-d'œuvre.

Il ne faudra pas négliger d'organiser également bien l'évacuation de l'air vicié, et l'arrivée de l'air chaud et pur.

En outre, tout en installant toujours les bouches de chaleur de façon à éviter la chute des poussières du plancher, on les disposera de telle sorte que les enfants puissent très facilement s'y chauffer les pieds, même par petits groupes.

de la vapeur, chauffant, au moyen de batteries placées en caves, de l'air pris à l'extérieur et amené ensuite dans les locaux par des gaines aboutissant dans les salles à de nombreuses bouches de chaleur. On pourrait adjoindre une *circulation d'eau chaude* permettant d'alimenter les lavabos.

On évitera les poêles[1]. Ceux en fonte à feu direct sont interdits.

Pour cet important service, il est d'ailleurs expressément recommandé de suivre tous les perfectionnements du chauffage moderne et de rechercher les dispositifs aptes à assurer toujours mieux :

1° Dans tous les locaux, la chaleur suffisante, concurremment avec une ventilation convenable dans toutes leurs parties ;

2° Dans les salles d'exercices et de récréations, la possibilité de chauffer les pieds ;

3° Dans les vestiaires, la possibilité de sécher les vêtements mouillés ;

---

[1] Si, par mesure transitoire, dans les locaux existants, où l'installation des appareils modernes ne sera pas possible, les poêles sont conservés, on observera strictement les prescriptions suivantes : le poêle de chaque salle sera pourvu d'un réservoir d'eau avec surface d'évaporation. — Il sera garni d'une double enveloppe métallique ou d'une enveloppe de terre cuite. — Il sera entouré d'une grille en fer et ne contiendra ni four ni chauffe-plats. — Le tuyau de fumée ne devra en aucun cas passer au-dessus de la tête des enfants. — Tous les élèves devront être à une distance du poêle de 1^{m},25 au moins.

4° Dans les lavabos et pour le douchage ou la baignoire, les approvisionnements d'eau chaude.

ART. 17. **Ventilation.** — Dans les écoles où le chauffage sera obtenu par le système des batteries placées en caves, la ventilation sera suffisamment assurée de ce fait.

Quand le chauffage sera obtenu par une circulation de vapeur ou d'eau chaude, on aura soin de placer des prises d'air réglables en arrière des surfaces de chauffe, de façon à ce que l'air, pris directement à l'extérieur, n'arrive pas froid dans les pièces.

ART. 18. **Éclairage artificiel.** — Autant que possible, l'éclairage artificiel sera obtenu par l'électricité. Les appareils seront toujours placés de telle façon qu'ils ne puissent fatiguer la vue des enfants. Il serait à cet effet souhaitable que l'éclairage fût obtenu par la lumière diffuse, reflétée par le plafond. On obtiendra facilement ce mode d'éclairage au moyen de réflecteurs renversés renvoyant la lumière sur les plafonds peints en blanc.

ART. 19. **Décoration des locaux.** — Il serait à souhaiter que l'on apportât quelque attention et quelque soin à la décoration des locaux. Une construction raisonnée, soignée, la lumière obtenue par de larges baies, les tons clairs et gais des peintures contribueront surtout à donner un agréable aspect à l'école.

L'emploi *mesuré* de décorations peintes permettrait aussi d'augmenter les locaux.

ART. 20. — *Projets de constructions d'écoles maternelles.*

Les projets soumis à l'approbation des administrations devront toujours porter l'indication de *l'orientation*. Les plans devront être accompagnés de *coupes* suffisamment nombreuses qui permettront de se rendre compte des dispositions proposées. On aura soin d'indiquer nettement le mode de construction et

la nature des matériaux que l'on se propose de mettre
en œuvre.

III

LOCAUX DE L'ÉCOLE MATERNELLE

ART. 21. — L'École Maternelle ne comprenait jusqu'ici que sept pièces ou dépendances, au grand détri-
ment de l'hygiène et de la commodité, car cette pénurie
obligeait à réunir des services qui se contrariaient :
ainsi, la salle de récréation était envahie par les portemanteaux du vestiaire et par les paniers à provisions
des enfants, ce qui viciait l'atmosphère ; d'autre part,
les miasmes et toutes les poussières soulevées par les
enfants souillaient le contenu des paniers et se dépo-
saient sur les autres aliments servis par la cuisine et
sur les serviettes de cantine ; la salle de récréation
était envahie aussi par les lavabos et par le réfectoire, etc.

D'autres dépendances faisaient également défaut,
savoir : le parloir nécessaire pour recevoir les parents,
et la salle de repos, indispensable pour les petits ga-
gnés par le sommeil.

Désormais, l'École Maternelle doit donc comprendre :

1° Un vestibule d'entrée ;
2° Un parloir ;
3° Une salle de récréation ;
4° Des vestiaires ;
5° Des salles d'exercices ;
6° Une salle de repos ;
7° Une salle de propreté ;
8° Un réfectoire ;
9° Une cuisine
10° Des privés ;
11° Une cour de récréation ;

12° Les logements du personnel.

Art. 22. Vestibule. — Cette pièce servira de salle d'attente pour les parents.

Art. 23. Parloir. — Cette pièce, utile pour les rapports du personnel avec les parents et les personnes étrangères à l'école, sera placée près de l'entrée. Les visites médicales pourront y avoir lieu s'il n'y a pas de salle spécialement affectée à cet usage.

On y installera des placards, soit pour le matériel de pharmacie, soit pour d'autres réserves.

Art. 24. Salle de récréation. — Cette salle, particulièrement vaste, sera *uniquement* affectée aux récréations.

Pour le matériel de jeux, on y établira des armoires ou simplement des étagères à plusieurs rangs (tablettes à claire-voie ou en grillage pour prévenir des amas de poussière). Hauteur maximum, 1^m,20, afin de permettre aux enfants de prendre et de replacer eux-mêmes les jouets.

Art. 25. Vestiaires. — Les vestiaires seront placés en dehors des salles d'exercices. Il y en aura *un par salle*.

Si les couloirs sont suffisamment larges et ventilés, ces vestiaires pourront à la rigueur y être placés, mais il serait préférable de les installer dans des locaux distincts, spécialement bien aérés.

Art. 26. Salles d'exercices. — S'il y a plusieurs salles d'exercices les unes à côté des autres, on évitera entre elles les portes de communication avec la salle de récréations, soit directement, soit par des galeries ou couloirs d'au moins 1^m,60 de largeur et qui recevront directement l'air et la lumière.

Art. 27. — Les salles d'exercices seront de forme rectangulaire. Leur surface sera calculée de façon à assurer à chaque enfant un minimum de 80 centimètres carrés. La largeur de ces salles sera au maximum de 8 mètres.

Le nombre maximum des places par classe sera de 50.

Dans chaque salle d'exercices, on établira des *armoires ou des étagères basses*, semblables à celles décrites à l'article 24, pour recevoir le matériel d'occupation des enfants.

D'autres placards, formant ou non pans coupés (¹) dans les angles de la salle et de toute la hauteur, renfermeront les fournitures et objets d'enseignement et d'éducation; l'un de ces placards sera disposé en *vestiaire* pourvu de porte manteaux pour la maîtresse, et si les autres sont *vitrés*, ils pourront utilement servir à des expositions de gravures ou de travaux d'enfants.

Une partie de la surface murale sera disposée en tableaux (²) pour le dessin et l'écriture, soit à l'usage de la maîtresse, soit à celui des enfants, pour lesquels ils pourront former au pourtour de la salle une bande continue de 1 mètre de hauteur environ.

Art. 28. Salle de repos. — La salle de repos sera *contiguë* à l'une au moins des salles d'exercices et séparée de celle-ci par une *cloison vitrée en partie*, afin de permettre au personnel de surveiller le sommeil des enfants. Il serait avantageux que cette salle fût exposée au levant, afin d'assurer une température moyenne et d'éviter pour l'été les invasions de mouches

---

(¹) Les placards en pans coupés ont l'avantage de prendre peu d'espace tout en employant des recoins peu utilisables autrement.

(²) Ces tableaux, ordinairement en bois noir (ce qui assombrit désagréablement l'aspect), peuvent être avantageusement remplacés par divers produits nouveaux de couleurs claires.

pendant les sommeils d'après-midi, les plus fréquents chez les enfants.

On ménagera dans cette salle un espace vitré, afin de former chambre d'isolement en cas d'indisposition suspecte.

Art. 29. **Salle de propreté.** — Cette salle sera *voisine* du réfectoire et facilement accessible pour toutes les salles. Si le linoléum n'est pas adopté, elle sera dallée, carrelée ou bitumée. Dans cette partie sera ménagée une assez forte pente pour le facile écoulement de l'eau éclaboussée [1]. On y installera des lavabos et une baignoire, à moins qu'il n'y ait une salle de douches.

Une *claie* mobile à lames de bois, comme dans les cabines de bains, pourra également couvrir le sol dans toute la longueur de l'auge et autour de la baignoire.

Les lavabos doivent être d'un facile entretien de propreté, par l'emploi d'un minimum de tuyauterie extérieure ; en outre, le système doit être très peu délicat comme maniement.

On évitera partout les robinets à l'usage des enfants [2]. La prise d'eau se manœuvrera d'ensemble par une seule manette à la portée de la maîtresse.

La hauteur maximum du bord des cuvettes au-des-

---

[1] Par mesure transitoire pour l'amélioration immédiate des locaux actuels où l'espace est restreint, les lavabos pourraient faire partie du réfectoire dans les conditions suivantes : Ils seront disposés à l'une des extrémités du réfectoire, dans un entourage à claire-voie de 1 mètre de haut, avec porte d'entrée et de sortie.

[2] Ainsi une auge en grès émaillé, longue et étroite ($0^m,25$ environ) au-dessus de laquelle on

sus du sol ne dépassera pas 0ᵐ,50 et l'eau y arrivera d'une très petite hauteur au-dessus (0ᵐ,10 à peine), afin que, pour la recevoir, les enfants n'élèvent pas les bras, ce qui fait mouiller les manches. On comptera un jet pour 10 enfants, avec distance de 0ᵐ,40 entre eux.

Pour les lavages isolés, un *lavabo indépendant*, formant cuvette, sera alimenté par un robinet spécial. Il serait à désirer que l'*eau chaude* fournie soit par le calorifère, soit par le fourneau de cuisine, y fût amenée, même si elle n'est pas conduite à tous les autres lavabos où elle est pourtant fort désirable aussi.

La *baignoire* sera alimentée en eau froide et en eau chaude ; on aura soin de prévoir l'évacuation de l'eau.

Art. 30. **Réfectoire.** — Cette pièce doit être contiguë à la cuisine et une paroi vitrée permettra de surveiller les enfants mettant le couvert.

On établira le long des murs, à hauteur moyenne d'enfants (1 mètre environ), des tablettes à claire-voie ou grillagées pour poser les paniers. Sous ces tablettes et éloignés du mur se trouveront les crochets destinés à suspendre les serviettes-baverons du repas.

Dans ce réfectoire, on installera des placards à deux corps.

Le corps du bas sera destiné à recevoir la vaisselle et les couverts, celui du haut les approvisionnements divers, le linge et les vêtements de rechange. Hauteur totale : 2 mètres environ ; dessus très incliné pour éviter les mas de poussière.

Art. 31. **Cuisine.** — La cuisine devra être en communication avec le réfectoire, et proche de la salle de propreté, de façon à faciliter l'alimentation des lava-

---

placerait un tuyau horizontal percé en dessous de petits trous.

bos en eau chaude ; elle sera donc pourvue d'un fourneau avec tuyauterie moderne correspondante.

S'il y a un service de cantine, la cuisine sera pourvue d'étagères, placards et garde-manger nécessaires
pour mettre la batterie de cuisine, les aliments et les
boissons à l'abri des poussières et des mouches.

Art. 32. **Privés.** — Toute école maternelle sera
pourvue de privés distincts pour les maîtresses et pour
chaque sexe, d'urinoirs pour les garçons.

Les urinoirs et les privés seront disposés de façon
à ce que les vents régnants ne rejettent pas les odeurs
dans les bâtiments ni dans la cour. Ils doivent être
couverts et isolés du reste du bâtiment, auquel ils
seront reliés par une galerie également couverte.

Ils seront divisés en cases : une case pour 15 enfants.
Chaque case aura $0^m,55$ de largeur sur $0^m,80$ de profondeur avec revêtements lavables. Le siège ne sera
jamais couvert d'une *lunette en bois* (¹). Il sera formé
par une cuvette en grès émaillé avec bourrelet de
même matière. Le dessus de cette cuvette sera seulement à $0^m,15$ au-dessus du sol. L'orifice de forme
ovale aura environ $0^m,18$ sur $0^m,12$. La cuvette sera
munie d'un appareil obturateur.

S'il y a des salles de classe au 1er étage, une case
de water-closet y sera également installée.

Chaque case sera pourvue d'un crochet pour le pa-

(¹) Le bois a le grand inconvénient de se laisser pénétrer par toutes les souillures humides,
ce qui rend son nettoyage difficile et son contact
malpropre et parfois même dangereux. Mieux
vaut le grès, malgré son contact frais, auquel
les enfants s'accoutument aisément. On pourrait
d'ailleurs interposer du papier dans certains cas.

pier et on établira un lavabo dans le voisinage de chaque groupe de privés, en raison des graves dangers sanitaires qu'ont les mains souillées de matières fécales.

Les urinoirs seront en nombre au moins égal à celui des privés. Les cases auront environ $0^m,35$ de largeur, $0^m,25$ de profondeur et $0^m,70$ de hauteur.

Les parois et le sol des privés et des urinoirs seront en matériaux imperméables ; tous les angles seront arrondis.

Dans les privés une pente sera ménagée pour l'écoulement des eaux de lavage vers le siège, avec ouverture d'échappement placée au-dessus de la fermeture de l'appareil obturateur.

Pour faciliter l'aération et le nettoyage, la paroi de séparation entre les cases laissera au-dessus du sol un espace vide de $0^m,15$ à $0^m,20$ et elle ne s'élèvera pas au-dessus de $1^m,30$.

Les urinoirs et les privés n'auront pas de fermetures : ils seront masqués, soit par un treillage de jardin garni de plantes grimpantes, soit par une cloison pleine placée à $0^m,60$ du bord des cases. Cette cloison, élevée de $0^m,20$ à $0^m,25$ au-dessus du sol, n'aura pas plus de $0^m,70$ de hauteur. Partout où il sera possible, on installera le tout-à-l'égout et la chasse d'eau déclenchable à volonté, mais non automatique, car celle-ci effraye souvent les enfants en fonctionnant à l'improviste.

Si des fosses sont nécessaires, elles seront construites de manière à être parfaitement étanches, hermétiquement closes, ventilées séparément et vidangées de l'extérieur. Si on installe des fosses mobiles, elles seront pourvues de ventilateurs.

D'une façon générale, on se conformera pour le système d'évacuation aux plus récentes prescriptions des services d'hygiène.

Art. 33. Cour (abri couvert, plates-bandes, auge à sable). — La surface de la cour de récréation sera calculée à raison de 3 mètres environ par enfant; elle ne pourra toutefois avoir moins de 150 mètres carrés.

Dans le cas où le terrain serait en déclivité, la pente ne devra pas dépasser 0^m,03 par mètre. Le nivellement du sol sera établi de façon à assurer l'écoulement des eaux.

a) Les eaux ménagères ne devront jamais traverser la cour à ciel ouvert.

b) Une partie de la cour sera disposée en abri couvert pour permettre les récréations en plein air en cas de mauvais temps. Si la toiture est soutenue par des colonnes, celles-ci seront arrondies et sans aucun angle.

Le bitume, le ciment, le pavage en bois ou autre seront employés pour les passages et l'abri couvert (1). On évitera les trottoirs dont les angles et bordures présentent des dangers et les passages ne feront pas saillie.

c) La cour sera plantée d'*arbres d'essences variées*, sans excepter certains arbres fruitiers. On évitera de placer près des bâtiments ceux dont le feuillage trop épais assombrit les locaux et les rend humides, comme aussi ceux à floraison extrêmement odorantes qui, parfois, occasionnent des malaises.

On fera pousser des *plantes grimpantes* contre les murs, en particulier du lierre qui les isole de la pluie, et on établira des *plates-bandes* au pourtour de la cour, plutôt que de créer un jardin qui risque de gêner les ébats des enfants, et d'en trop réduire la place.

---

(1) L'abri couvert ne doit jamais être simplement sablé en ou sol battu, à cause de la poussière que produit la terre desséchée.

d) Quelques bancs à lames seront fixés dans la cour et sous l'abri couvert.

e) Le sol de la cour sera, de préférence, sablé et on installera pour les jeux des enfants une sorte de *grande auge centrale* remplie ([1]) de sable propre, toujours tenu humide ; cette auge sera entourée par un petit mur élevé de 0^m,30 environ au-dessus du sol pour prévenir l'éparpillement du sable.

Des ouvertures seront prévues à la base pour l'évacuation des eaux de pluie.

f) Pour l'arrosage de la cour, on établira une prise d'eau placée hors de la portée des enfants.

Art. 34. **Logements.** — Le logement, tel que l'a prévu l'article 48, paragraphe 65, de la loi du 25 juillet 1893, doit se composer au minimum :

1° Pour tout instituteur, marié ou non, placé à la tête d'une école primaire élémentaire :

Dans les communes de moins de 12.000 habitants, d'une cuisine-salle à manger et de trois pièces à feu (minimum) ;

Dans les communes de 12.000 habitants et au-dessus, d'une cuisine, d'une salle à manger et de trois pièces à feu (minimum) ;

2° Pour tout adjoint titulaire ou stagiaire marié et pour tout instituteur placé à la tête d'une école de hameau :

D'une cuisine-salle à manger et de deux pièces à feu (minimum) ;

3° Pour tout adjoint célibataire, titulaire ou stagiaire :

De deux pièces dont une à feu (minimum).

Tous les maîtres désignés ci-dessus auront à leur

([1]) Ou mieux encore : petites auges circulaires autour des arbres de la cour.

disposition soit une cave, soit un débarras servant de cellier et de bûcher, ainsi que des privés.

ART. 35. — Ces dispositions sont applicables aux institutrices exerçant dans les écoles de filles ou dans les écoles maternelle. Toutefois, toute adjointe célibataire, titulaire ou stagiaire, a droit *en outre* à une *cuisine distincte*.

ART. 36. — Aucune communication directe ne devra exister entre les classes et les logements.

Un même escalier pourra desservir plusieurs logements.

ART. 37. — Dans les écoles de quatre classes et plus, une pièce servira de parloir et de réfectoire au personnel.

IV

MOBILIER

(Dans le mobilier comme dans la construction, il est expressément recommandé d'éviter les moulurations, car elles retiennent les poussières et compliquent l'entretien; c'est donc à la décoration plane et à la couleur qu'il faut avoir recours pour varier les effets et rendre l'aspect agréable et artistique.)

ART. 38. **Vestibule.** — *Sièges* pour les parents.

Cadres ou *passe-partout*, pour recevoir les affiches, notes de service et renseignements divers utiles à communiquer aux familles.

ART. 39. **Parloir.** — Mobilier d'un bureau très simple.

ART. 40. **Salle de récréation.** — Cette salle sera pourvue de *bancs* en bois à lames (façon square; dossiers recourbés, avec renflement au bas des reins); ce modèle est avantageux pour le confortable et même le sommeil, tout en évitant aux enfants soit le contact du mur, soit le contact dos à dos (Hauteur maximum du siège : 0^m,20.)

Pour les jeux, il y aura, en outre, une ou plusieurs *tables* ovales (0^m,90 sur 1^m,30), à angles arrondis, et un certain nombre de *chaisettes* ou de *tabourets*.

Armoires, placards ou plusieurs *rangs de tablettes* superposées (v. art. 24).

Art. 41. **Vestiaire.** — Tablettes grillagées ou à claire-voie, disposées en cases de 0^m,30 pour recevoir les coiffures. (Une case par enfant.) Hauteur maximum : 1 mètre.

Portemanteaux fixes ou, de préférence, *meubles portatifs* [1] maniables par les enfants et permettant le transport journalier des vêtements dans la cour, pour l'aération. Les portemanteaux, numérotés à raison de un par enfant, seront écartés d'au moins 0^m,30 d'axe en axe. Il y aura également quelques porte-parapluie [2].

Art. 42. **Salle d'exercices.** — Mobilier recommandé : Petites chaises *à sièges en bois* perforé ou à claire-voie

---

[1] Pour l'amélioration immédiate des locaux où l'espace est restreint, il est expressément recommandé d'éloigner des enfants les vêtements et leurs miasmes en supprimant les portemanteaux dans les diverses salles et les classes : on les remplacera par des meubles portatifs (un ou plusieurs pour chaque classe) qui séjourneront soit dehors, soit dans les couloirs.

[2] Des porte-chaussures sont également utiles partout où règne l'excellente habitude des chaussures de rechange ou des sabots quittés à l'intérieur.

rapprochée, *trois* hauteurs : 0^m,21, 0,23, 0^m,25 au-dessus du siège ; dossiers, *trois* hauteurs : 0^m,25, 0^m,31, 0^m,37 au-dessus du sol afin de soutenir l'enfant au niveau des épaules. Largeur du siège, 0^m,20 au minimum.

Tables rectangulaires à angles arrondis : largeur, 0^m,40 ; longueur, 0^m,45, par place. *Trois* hauteurs au-dessus du sol : 0^m,42, 0^m,44, 0^m,46 ; afin que les tables aient une suffisante stabilité, sans être trop lourdes, on les calcule en général pour 4 ou 5 enfants, soit 1^m,80 à 2 mètres.

Le dessus doit être *absolument horizontal* et de *teinte claire*, ton naturel ou verni ; à l'avant et à l'arrière, il y aura une rainure pour retenir les objets roulants. *En aucun cas, les tables ne seront fixées au sol.*

Ce mobilier (déterminé par les éducateurs et les hygiénistes après expériences) doit, au fur et à mesure du renouvellement, remplacer les anciennes tables et les bancs scolaires qui avaient les mêmes dimensions mais non les mêmes dispositions avantageuses pour l'hygiène et l'éducation des enfants.

Il est expressément recommandé — pour les anciens mobiliers qui resteront en usage, aussi bien que pour les nouveaux — d'avoir, *dans chaque salle, plusieurs hauteurs de tables et de sièges*, afin de satisfaire aux besoins de toutes les tailles d'enfants.

Armoires ou *étagères* basses et autres armoires, vitrées ou non (v. art. 27).

Nombreux *tableaux muraux* (v. art. 27).

Table à tiroir servant de bureau pour la maîtresse et *chaise.*

Petite fontaine à toilette pour lavage des mains après maniement des craies.

Art. 43. **Salle de repos.** — Petits *hamacs* ou *lits de repos* à raison de un au moins pour dix enfants de la section des petits.

Stores de filet ou de grosse étamine contre les mouches, dans les régions infestées (¹).

Art. 44. **Salle de propreté.** — Les *séchoirs* seront de préférence *portatifs*, afin qu'après chaque ablution le linge mouillé soit porté au grand air. Ils seront pourvus de crochets en cuivre ou en bois, espacés tous les $0^m,20$, à raison de un par enfant, pour suspendre les serviettes à toilette.

Baquet ou petite *baignoire*.

Claie de bois mobile devant les lavabos et la baignoire pour éviter les pieds mouillés.

Art. 45. **Réfectoire.** — Le mobilier se composera de *tables et de sièges légers*, *chaisettes ou tabourets*, faciles à transporter pour permettre les repas en plein air durant la belle saison. (Voir, art. 42, les hauteurs moyennes.)

Les tables auront au moins $0^m,60$ de large, afin de permettre l'installation des enfants les uns vis-à-vis des autres ; pour la longueur, on comptera $0^m,45$ par place.

Tablettes, crochets, placards ou *armoires* (v. art. 30).

Si la *vaisselle* ou les *couverts* sont fournis par l'école, les cuillers seront de petit modèle (entremets) et la vaisselle sera de préférence en épaisse faïence blanche aussi durable et plus facile à entretenir que le métal. (Jamais d'émail, en raison des dangers constatés.)

Art. 46. — Chaque salle sera pourvue d'un *thermomètre centigrade* accroché au mur, dans le voisinage des fenêtres, hors de la portée des enfants et les maîtresses veilleront à ce que la température soit maintenue entre 15 et 17 degrés.

Art. 47. **Cour.** — *Bancs* en bois à lames avec dossiers. — *Grandes auges* à sable.

(¹) La même précaution sera souvent utile dans les salles d'exercices et au réfectoire.

V

MATÉRIEL D'ENSEIGNEMENT ET D'ÉDUCATION

ART. 48. — Ce matériel comprend :

1º Des collections de *jouets* pour les classes : animaux en bois ou en caoutchouc, poupées et chiffons, soldats, ménages, cuvettes à sable, jeux de loto, de rognures de bois ou boîtes de constructions, de paquetage, de patience, etc. ;

2º *Idem* pour la salle de récréation et pour la cour : brouettes, chariots, cordes à sauter, cerceaux, seaux, pelles, balles, etc. ;

3º Du *sable* pour les exercices géographiques et les constructions, soit en classe, soit dans la cour. On renouvellera ce sable au moins une fois par an ;

4º Les *outils* et les *matières premières* nécessaires pour les *exercices manuels*, conformément aux programmes : perles, papiers pour tissages, pliages et découpages, rafia, laine ou coton de couleur, ciseaux à bouts ronds, crochets, fourches, terre à modeler, etc. ;

5º Des *collections* de buchettes, bâtonnets, lattes, anneaux, cubes, briques et rognures de bois de tous genres pour constructions, parquetages, dessin, calcul, etc. ;

6º Des *collections* d'images ;

7º Des *ardoises* ([1]) et des *crayons* correspondants ;

([1]) Comme les tableaux muraux, les ardoises grises naturelles ou factices peuvent être avantageusement remplacées par des produits nouveaux de teintes claires : verre blanc, plaques émaillées, linoléum, etc., employés soit avec le crayon ordinaire en mine de plomb, soit avec les craies de couleurs.

8° Du *papier* et du *crayon* (mine de plomb et couleur) ;

9° Une *collection du système métrique* ;

10° Un *diapason*.

VI

MATÉRIEL DE MÉNAGE ET D'HYGIÈNE

ART. 49. — Ce matériel comprend :

1° *Tous les objets et produits nécessaires au nettoyage en général : a*) balais(1), brosses, serpillières, arrosoirs, boîtes ou seaux à ordures ou à papiers ; pelles à main, etc. ; *b*) linge, savon, petite lessiveuse, etc. ; *c*) huile de naphte pour supprimer les mouches du bois ;

2° *Tous les objets et produits nécessaires au fonctionnement de la cantine :*

a) Une ou plusieurs marmites en fer battu ou en tôle galvanisée (jamais d'émail) pour provision d'eau de boisson correspondante au nombre des élèves (faire bouillir l'eau nécessaire *chaque jour* et pendant *au moins un quart d'heure*, puis laisser reposer dans les marmites strictement réservées à cet usage et recouvertes d'un linge propre). Poches à puiser ;

b) Vaisselle, batterie de cuisine et appareils nécessaires à la préparation des aliments pour petits enfants : presse-purée, hache-viande, tranche-pain, etc. ;

3° *Tous les objets et produits nécessaires aux soins personnels :* Petites brosses à habits, à chaussures, à ongles (1 de chaque pour 10 enfants), savon (de pré-

---

(1) Le balai et le matériel d'époussetage seront avantageusement remplacés par les aspirateurs à poussières.

férence en poudre), etc., moufles et peignoirs en tissu-éponge pour bains et douches, etc. ;

4° *Placard ou boîte de pharmacie* contenant : Lampe à alcool, cuvette.

Thermomètre médical (sans armature métallique, facile à désinfecter par séjour dans le sublimé).

Ciseaux, épingles à maillot, pinces à échardes (à n'employer qu'après avoir laissé dix minutes dans l'eau bouillante).

Bandes et compresses de gaze, toile, ouate hydrophile, taffetas gommé, amadou. (Tout ceci en boîte métallique très bien close, pour tenir à l'abri de toute poussière et souillure.)

Vaseline boriquée au 1/10°, acide borique, eau boriquée (faire bouillir 40 grammes d'acide dans un litre d'eau) ; eau oxygénée médicinale.

Liniment oléo-calcaire boriqué (à étendre sur brûlures), alcool, alcool camphré, ammoniaque (piqûres moustiques, guêpes, abeilles : gouttes sur ouate en laissant évaporer au bout de quelques minutes), éther sulfurique, vinaigre, eau de mélisse, alun, camphre, perchlorure de fer.

Feuilles de noyer (décoctions pour baigner engelures).

Tilleul, thé, fleurs d'oranger.

Sinapismes.

VII

REGISTRES SCOLAIRES

ART. 50. — Les registres scolaires dont la fourniture est à la charge des communes comprennent :

Les registres matricules ou registres d'inscription des élèves admis à l'école ;

Le registre d'appel ou registre de constatation des présences journalières ;

Le registre d'inventaire du mobilier de l'école et du matériel d'enseignement ;

Le registre d'inventaire du mobilier personnel, quand ce mobilier est fourni aux instituteurs par la commune ;

Le registre destiné au médecin de l'école.

VIII

APPENDICES

———

CIRCULAIRE DU 22 FÉVRIER 1905

C'est un devoir pour l'Administration de mettre les municipalités en demeure :

a) De pourvoir les locaux scolaires : 1° de privés conformes à l'hygiène ; 2° de lavabos ;

b) De fournir un mobilier scolaire proportionné à la taille des enfants ;

c) D'approprier les menus des cantines à l'âge des enfants qui fréquentent l'école ;

d) De fournir en quantité suffisante et de renouveler selon les besoins : 1° les jouets ; 2° le matériel indispensable aux exercices manuels ;

e) De procurer le matériel nécessaire pour le balayage humide et le nettoyage en général ;

f) D'assainir les locaux au moins deux fois par an et après chaque épidémie.

CLASSES ENFANTINES

———

CIRCULAIRE DU 16 NOVEMBRE 1887

Pour l'installation d'une classe enfantine : surface, volume, préau, privés, matériel d'enseignement, il convient également de se *reporter aux instructions relatives à l'école maternelle*, qui s'adaptent mieux à cet établissement que celles concernant les écoles primaires élémentaires. Toutefois, la classe enfantine ne nécessite pas tout le développement de locaux et de matériel que comporte une école maternelle complète.

DÉCRET DU 29 JANVIER 1890

ART. 2. — Le matériel d'enseignement faisant partie des dépenses obligatoires est fixé conformément au tableau ci-dessous :

Écoles maternelles et classes enfantines

Des collections de jouets;
Des collections d'images;
Des collections de bâtonnets, lattes, cubes et autres objets nécessaires pour les petits exercices, jeux et travaux manuels, connus sous le nom de méthode Frœbel, etc. (Voir ci-dessus, art. 48.)

C'est en effet l'esprit des décrets d'assimiler complètement, *pour enfants du même âge*, l'enseignement des classes maternelles et celui des classes enfantines.

Lorsqu'il s'agit d'outiller les classes enfantines, il y a donc lieu de tenir compte des prescriptions relatives aux écoles maternelles.

II

TITRES DE CAPACITÉ
AGE — MODE DE NOMINATION
TRAITEMENT

Art. 62 (*Loi du* 30 *octobre* 1886). — Les directrices d'écoles maternelles publiques sont assimilées aux institutrices publiques.

Il ne sera pas délivré de titre de capacité distinct pour les écoles maternelles. A dater du 1ᵉʳ janvier 1888, le titre requis pour enseigner dans toutes les écoles énumérées aux paragraphes 1 et 2 de l'article 1ᵉʳ de la présente loi sera le brevet élémentaire. Toutefois les personnes munies du certificat d'aptitude à la direction des salles d'asile, lors de la promulgation de la présente loi, continueront à jouir des droits que leur confère la loi du 16 juin 1881.

Art. 7 (*Loi du* 30 *octobre* 1886). — Nul ne peut enseigner dans une école primaire de quelque degré que ce soit avant l'âge de dix-huit ans pour les instituteurs et dix-sept ans pour les institutrices.

Nul ne peut diriger une école avant l'âge de vingt et un ans.

Art. 6 (*décret du* 18 *janvier* 1887). — Nulle ne peut

être nommée directrice d'école maternelle sans être pourvue du certificat d'aptitude pédagogique.

Nulle ne peut diriger une école maternelle annexée à une école normale si elle n'a vingt-cinq ans, et si elle n'a exercé pendant deux ans dans les écoles maternelles publiques ou privées.

ART. 52 (*Loi de finances du 23 avril* 1905). — Le traitement des instituteurs et institutrices de chaque classe est fixé ainsi qu'il suit :

INSTITUTEURS	INSTITUTRICES
Stagiaires . 1.400 francs	Stagiaires.. 1.400 francs
5ᵉ classe... 1.200	5ᵉ classe... 1.200
4ᵉ classe... 1.500	4ᵉ classe... 1.400
3ᵉ classe... 1.800	3ᵉ classe... 1.600
2ᵉ classe... 2.000	2ᵉ classe... 1.800
1ʳᵉ classe... 2.200	1ʳ classe... 2.000

ART. 8 (*Loi du 19 juillet* 1889). — Les titulaires chargés de la direction d'une école comprenant plus de deux classes reçoivent à ce titre un supplément de traitement de 200 francs. Ce supplément est porté à 400 francs, si l'école comprend plus de quatre classes.

ART. 38 nouveau (*Loi du 25 juillet* 1883, § 7). — La retenue pour pensions de retraites portera, pour le personnel des écoles maternelles de Paris, sur le traitement qui leur est assigné par le règlement d'administration publique pris en exécution de l'article 48 et qui se compose de deux éléments : traitement légal et indemnité de résidence.

ART. 8 (*décret du 18 janvier* 1887). — Une femme de service doit être attachée à toute école maternelle.

Elle est nommée par la directrice, avec agrément du maire, et révoquée dans la même forme.

Le traitement de la femme de service est exclusivement à la charge de la commune.

NOMINATION DU PERSONNEL ENSEIGNANT

(Loi du 30 octobre 1886)

Art. 26. — Les instituteurs et institutrices stagiaires enseignent en vertu d'une délégation de l'Inspecteur d'académie.

Cette délégation peut être retirée par l'Inspecteur d'académie, sur l'avis motivé de l'Inspecteur primaire.

Les stagiaires sont passibles des mêmes peines disciplinaires que les titulaires, sauf la révocation.

Ces peines leurs sont applicables sous les conditions et garanties prévues par la présente loi.

Art. 27. — Le Conseil départemental, après avoir pris connaissance des demandes de tous les candidats qui se sont inscrits à l'inspection académique, dresse, chaque année, et complète, s'il y a lieu, au cours de l'année, une liste des instituteurs et des institutrices admissibles aux fonctions de titulaire, soit pour être chargés d'une école, soit pour être chargés d'une classe en qualité d'adjoint.

La nomination des instituteurs titulaires est faite par le Préfet, sous l'autorité du Ministre de l'Instruction publique et sur la proposition de l'Inspecteur d'académie.

Toutefois, lorsque les besoins de la population l'exigeront, sur la demande du Conseil municipal et après avis de l'Inspecteur d'académie, le Préfet pourra réduire la durée de la fermeture des écoles maternelles à quinze jours ou même décider qu'elles resteront ouvertes pendant toute l'année.

Art. 3. — Dans tous les cas, la directrice et les adjointes ont droit à un congé d'un mois.

Art. 4. — Dans les écoles maternelles à plusieurs classes, les congés accordés à la directrice et aux adjointes sont pris successivement.

CIRCULAIRE

RELATIVE A LA RÉDUCTION DE LA DURÉE DES VACANCES
DANS LES ÉCOLES MATERNELLES (1)

(10 juin 1895)

Monsieur le Préfet,

Les suppléances des directrices des écoles maternelles n'ayant pas d'adjointe, autorisées conformément aux dispositions de l'article 4 de l'arrêté du 4 janvier 1894, ont donné lieu, au point de vue de la liquidation de la dépense qui en résultait, à des réclamations qu'il convient de prévenir.

L'arrêté du 4 janvier, en reconnaissant aux maîtresses des écoles maternelles le droit à un mois de congé, a stipulé en même temps, dans son article 2, que ces écoles devaient être fermées pendant la même durée.

---

(1) Cette question des vacances préoccupe à juste titre le personnel des écoles maternelles dont la tâche est extrêmement pénible, et exigerait un repos au moins aussi long que celui que la loi accorde au personnel primaire.

L'Administration a pris à cœur de la régler selon la justice, et nous pensons que la solution en est prochaine.

La réserve contenue dans le deuxième paragraphe dudit article 2 et ainsi conçue :

« Toutefois, lorsque les besoins de la population l'exigeront, sur la demande du Conseil municipal et après avis de l'Inspecteur d'académie, le Préfet pourra réduire la durée de la fermeture des écoles maternelles à quinze jours ou même décider qu'elles resteront ouvertes pendant toute l'année », n'a eu d'autre but que de donner toutes facilités aux exigences locales. Mais il va de soi que l'Etat ne peut prendre à sa charge les dépenses qu'occasionnent des convenances particulières.

Je vous prie donc de vouloir bien n'accorder de réduction dans la durée de la fermeture des écoles maternelles de votre département qu'autant que les communes intéressées se seront préalablement engagées à pourvoir, s'il y a lieu, aux frais de suppléance des directrices.

Recevez, etc.

Surveillance. — Inspection

(Loi du 30 octobre 1886)

DE L'INSPECTION

Art. 9. — L'inspection des établissements d'instruction primaire publics ou privés est exercée :

1° Par les Inspecteurs généraux de l'Instruction publique ;

2° Par les Recteurs et les Inspecteurs d'académie ;

3° Par les Inspecteurs de l'enseignement primaire ;

4° Par les membres du Conseil départemental désignés à cet effet, conformément à l'article 50.

Toutefois les écoles privées ne pourront être inspectées par les instituteurs et institutrices publics qui font partie du Conseil départemental ;

5° Par le maire et les délégués cantonaux ;

6° Dans les écoles maternelles, concurremment avec les autorités précitées, par les Inspectrices générales et les Inspectrices départementales des écoles maternelles ;

7° Au point de vue médical, par les médecins inspecteurs communaux ou départementaux.

L'inspection des écoles publiques s'exerce conformément aux règlements délibérés par le Conseil supérieur.

Celle des écoles privées porte sur la moralité, l'hygiène, la salubrité et sur l'exécution des obligations imposées à ces écoles par la loi du 28 mars 1882. Elle ne peut porter sur l'enseignement que pour vérifier s'il n'est pas contraire à la morale, à la Constitution et aux lois.

DÉCRET

(18 janvier 1887)

TITRE III

DES AUTORITÉS PRÉPOSÉES A L'ENSEIGNEMENT DES CONSEILS DE L'ENSEIGNEMENT PRIMAIRE

CHAPITRE I

DE L'INSPECTION

SECTION I : *Inspecteurs généraux.* — ART. 123. — Les Inspecteurs généraux sont nommés par le Président de la République, sur la proposition du ministre de l'Instruction publique.

Ils sont répartis en deux classes. Nul ne peut être promu à la première classe, s'il n'a passé cinq ans au moins dans la seconde.

ART. 124. — Les Inspecteurs généraux se réunissent en Comité consultatif sous la présidence du Directeur de l'enseignement primaire, pour étudier les questions qui leur sont soumises par le Ministre.

SECTION II : *Inspecteurs de l'enseignement primaire.* — ART. 125. — Nul ne peut être nommé inspecteur de l'instruction primaire, s'il n'est pourvu du certificat d'aptitude à l'inspection.

ART. 126. — Les fonctions d'inspecteur de l'instruction primaire sont incompatibles avec tout autre emploi rétribué.

Toutefois le Ministre peut autoriser les inspecteurs primaires à accepter les fonctions d'inspecteur des enfants employés dans les manufactures.

Le paragraphe 4 de l'article 127 a été modifié comme il suit par décret du 4 août 1892.

ART. 127 (NOUVEAU). — Les inspecteurs primaires sont répartis en classes.

La classe est attachée à la personne et non à la résidence.

Une indemnité de résidence pourra être accordée aux inspecteurs primaires dans des conditions qui seront déterminées par un arrêté spécial.

Les promotions de classe sont accordées chaque année aux fonctionnaires énumérés aux articles 14, 16, 17, 18, 21 et 22 de la loi précitée (19 *juillet* 1889), sur les propositions des Recteurs et des Inspecteurs généraux réunis en Comité.

ART. 128. — Les inspecteurs de l'instruction primaire sont placés sous l'autorité immédiate de l'Inspecteur d'académie ; ils ne reçoivent d'instructions que de lui ou du Recteur, des Inspecteurs généraux et du Ministre.

ART. 129. — Ils inspectent les écoles primaires publiques et privées de leur circonscription ;

Ils assistent avec voix délibérative aux réunions des délégués cantonaux prescrites par l'article 52 de la loi du 30 octobre 1886 ;

Ils font partie de droit de toutes les commissions scolaires de leur circonscription et veillent à l'exécution de la loi du 28 mars 1882 ;

Ils président les conférences cantonales d'instituteurs et les commissions d'examen chargées de délivrer le certificat d'études primaires.

Ils instruisent toutes les affaires relatives à la création ou à la construction des écoles publiques, à l'ouverture des écoles privées, des classes d'adultes ou d'apprentis, à l'établissement des caisses des écoles, aux demandes formées par les instituteurs publics et aux déclarations faites par les instituteurs privés, à l'effet d'ouvrir un pensionnat primaire.

Ils donnent leur avis sur la nomination et l'avancement des instituteurs et des institutrices des écoles publiques, sur les récompenses à accorder ou les peines disciplinaires à infliger au personnel enseignant.

Des arrêtés ministériels déterminent le nombre et l'étendue des circonscriptions d'inspection primaire dans chaque département, ainsi que le lieu de résidence des inspecteurs.

Les inspecteurs de l'instruction primaire reçoivent, pour frais de tournée, une indemnité calculée à raison de 10 francs par jour.

SECTION III. — *Inspectrices générales et inspectrices départementales des écoles maternelles.* — Les Inspectrices générales et les Inspectrices départementales des écoles maternelles sont nommées par le Ministre.

Nulle ne peut être nommée Inspectrice générale sans avoir au moins trente-cinq ans d'âge et cinq ans de services dans l'enseignement public ou privé, et sans être pourvue du certificat d'aptitude à l'inspection des écoles maternelles.

Cet arrêté a été modifié par article 3 du décret du 1er janvier 1891 ainsi conçu :

Les aspirantes aux fonctions d'inspectrice de l'enseignement primaire devront justifier de la possession du certificat d'aptitude à l'inspection primaire et à la direction des écoles normales, institué par l'article 106 du décret du 18 janvier 1887.

Sont applicables aux inspectrices de l'enseignement primaire les articles 125, 126, 128, 130 et 131, du décret du 18 janvier 1887.

Les inspectrices primaires inspectent les écoles de filles, les écoles mixtes et les écoles maternelles, tant publiques que privées de leur circonscription.

Elles assistent avec voix délibérative aux réunions des délégués cantonaux.

Elles dirigent les enquêtes et instruisent les affaires dont elles sont chargées par l'inspecteur d'académie.

Elles donnent leur avis sur la nomination et l'avancement des institutrices, ainsi que sur les récompenses à accorder ou les peines disciplinaires à infliger au personnel des écoles de filles et des écoles maternelles.

Une inspectrice générale fait partie du Comité consultatif de l'enseignement primaire.

Nulle ne peut être nommée Inspectrice départementale sans avoir trente ans d'âge et trois ans de services dans l'enseignement public ou privé, et sans être pourvue du certificat d'aptitude à l'inspection des écoles maternelles.

Une commission est nommée chaque année, par le Ministre de l'Instruction publique pour examiner les aspirantes à l'inspection des écoles maternelles.

Les aspirantes sont tenues de se faire inscrire à Paris, à la Sorbonne, et, dans les départements, au bureau de l'Inspecteur d'Académie, quinze jours avant l'ouverture de la session, d'indiquer les lieux où elles ont résidé et les fonctions qu'elles ont remplies depuis dix ans et de faire les justifications exigées par l'article 114 du décret du 18 janvier 1887.

La liste des candidates est arrêtée par le Ministre. L'examen se compose d'épreuves écrites, d'une épreuve orale et d'une épreuve pratique. Les épreuves écrites sont au nombre de deux : 1° une composition sur un sujet de pédagogie appliquée aux écoles maternelles (trois heures) ; 2° une composition sur l'hygiène des Écoles maternelles [soins à donner aux enfants, installation et ameublement des locaux (trois heures)].

L'épreuve orale consiste en interrogations : 1° sur la pédagogie appliquée aux écoles maternelles et sur l'hygiène ; 2° sur des questions de législation et d'administration concernant ces écoles.

L'épreuve pratique consiste en une inspection d'une école maternelle, avec rapport oral à la suite de cette inspection.

Les compositions écrites se font au chef-lieu du département, sous la surveillance de l'Inspecteur d'Académie, ou d'un délégué agréé par le Recteur.

La commission décide de l'admissibilité aux épreuves orales, ces épreuves ont lieu à Paris.

Les épreuves sont jugées d'après l'échelle de 0 à 20. Toute aspirante qui n'a pas obtenu 20 points pour l'ensemble des deux épreuves écrites n'est pas déclarée admissible ; toute aspirante qui n'a pas obtenu 40 points pour l'ensemble des épreuves est ajournée.

Les inspectrices départementales visitent deux fois par an au moins les Écoles maternelles de leur ressort et adressent à l'Inspecteur d'académie un rapport spécial sur chaque école, à la suite de chaque inspection.

Elles font nécessairement partie des commissions d'examens pour le certificat d'aptitude pédagogique. (D. O. art. 120.)

Chaque année, la directrice de l'École maternelle adresse à l'inspectrice départementale, ou à son défaut à l'inspecteur primaire, un rapport détaillé sur l'établissement qu'elle dirige (D. O.).

Les inspectrices départementales donnent leur avis

sur la nomination et la révocation des directrices et sous-directrices d'écoles maternelles publiques, ainsi que sur les récompenses qui peuvent leur être accordées.

Les dispositions des articles 128 et 131 ci-dessus sont applicables aux inspectrices départementales des écoles maternelles.

Certificat d'Aptitude

à l'Inspection des Écoles maternelles

PLAN D'ÉTUDES

PROPOSÉ PAR LE COMITÉ DE PRÉPARATION

A. — HYGIÈNE ET PÉDAGOGIE

Les candidates devront connaître aussi complètement que possible l'évolution physique, intellectuelle et morale de la première enfance.

Mais il ne suffira pas de savoir les lois du développement de l'enfant; il faudra également connaître les meilleurs procédés de culture pour donner à toutes les facultés latentes le développement qu'elles comportent.

Enfin, indépendamment des notions qu'elles pourront acquérir par des ouvrages spéciaux, les candidates devront faire preuve d'initiative et d'observation originale.

ÉVOLUTION PHYSIQUE, INTELLECTUELLE ET MORALE DE LA PREMIÈRE ENFANCE

I. ÉVOLUTION PHYSIQUE

1° *Notions générales de physiologie.* — Circulation. Respiration. Chaleur animale. Digestion. Physiologie des mouvements volontaires (nerfs et muscles). Physiologie des organes des sens.

Particularités physiologiques propres aux enfants de 2 à 6 ans : Fréquence du pouls suivant l'âge et le sexe, Intensité des échanges respiratoires. Résistance à la chaleur et au froid. Rayonnement. Loi des surfaces. Rôle de la peau dans la régularisation de la température. Évolution dentaire. Sécrétion des sucs digestifs aux différents âges. Variétés individuelles des aptitudes motrices.

Les sens chez l'enfant.

Développement physique de l'enfant de 2 à 6 ans. Taille. Poids. Rapport entre la taille et le poids. Circonférence du thorax.

2° *Hygiène.* — Hygiène du corps. Propreté individuelle. Importance du rôle de la peau pour la respiration, la nutrition, la chaleur animale.

Hygiène du vêtement. Conditions d'un bon vêtement pour satisfaire aux exigences de la circulation, de la respiration, de la calorification et de la nutrition.

Hygiène alimentaire. Rôle et classification des aliments. Valeur pratique des différents aliments. Alimentation progressive appropriée au développement du tube digestif.

3° *Éducation physique.* — Effets de l'exercice. Les méthodes en éducation physique. Conditions d'une bonne éducation physique. Essoufflement. Gymnastique respiratoire. Jeux et travaux manuels.

Les sens. Répartition des places d'après le degré d'acuité de chaque sens.

4° *Principales maladies non contagieuses* :

Myopie. Scoliose. Moyens de prévenir leur formation et leur aggravation.

Epilepsie. Chorée. Tics de la face. Conduite à tenir vis-à-vis du malade et vis-à-vis des autres élèves.

5° *Principales maladies contagieuses* :

Fièvres éruptives. Rougeole. Rubéole. Scarlatine. Variole. Varioloïde, Varicelle. Symptômes communs du début. Conduite à tenir pour éviter la contagion. Durée de l'évolution.

Maladies de la peau et du cuir chevelu. Gale. Verrues. Lupus. Ecthyma. Impétigo. Pelades. Conduite à tenir. Conseils à donner.

Maladies des organes des sens. Conjonctivites infectieuses. Otites suppurées.

6° *Accidents. Petits soins à donner.*

Empoisonnement possible par les jouets peints. Moyens de reconnaître les couleurs dangereuses.

II. ÉVOLUTION INTELLECTUELLE

1° *Fonctions d'acquisition.* — Les sens et la conscience : la sensation. La perception.

Instinct de curiosité : attention spontanée, attention volontaire, attention attentive. Instinct d'imitation.

2° *Fonctions de conservation.* — Mémoire. Conditions organiques d'une bonne mémoire (circulation cérébrale, pureté du sang, jeunesse des cellules cérébrales). Conditions physiologiques (répétitions, émotion agréable et intensité de la sensation). — Différentes sortes de mémoires (visuelle, auditive, motrice, motrice verbale).

3° *Fonctions de combinaison.* — Association des idées. Imagination.

Intelligence proprement dite : faculté d'apercevoir des rapports entre les données de l'expérience. Jugement. Raisonnement. Intuition.

4° *Moyens pratiques* de cultiver chacune de ces facultés.

III. ÉVOLUTION MORALE

1° *Diversité naturelle des caractères.* — Devoir de la respecter.

2° *Les besoins et les tendances.* — Hiérarchie des besoins et des tendances intéressant : 1° l'individu ; 2° la collectivité. L'égoïsme, les tendances affectives.

3° *Eveil de la conscience morale.* — L'obéissance, la docilité, la responsabilité.

4° *Les habitudes.* — Leur importance capitale à l'école maternelle.

5° *Education de la volonté.* — Mobiles à employer. Mobiles à rejeter.

L'ÉCOLE MATERNELLE

1° *Organisation pédagogique.* — Co-éducation. Sectionnement. Classes parallèles. Programme (valeur éducative de chaque exercice). Emploi du temps. Préparation quotidienne des exercices. Matériel nécessaire aux divers exercices.

2° *Méthodes et procédés* propres à l'école maternelle.

3° *Qualités essentielles de l'institutrice maternelle.* Son rôle social.

4° *Hygiène des locaux.*

HISTOIRE DE LA PÉDAGOGIE DE LA PREMIÈRE ENFANCE.

Principaux éducateurs et leurs doctrines. Œuvres contemporaines scientifiques intéressant l'éducation enfantine.

B. — LÉGISLATION

I. *Notions sur l'organisation générale de l'enseigne-ment primaire*. — Autorités et Conseils scolaires. Du droit d'inspection. Laïcité, gratuité, obligation.

II. *Ecoles maternelles et classes enfantines publiques*. — Création, construction et installation des écoles ou classes. Instruction spéciale du 18 janvier 1887. Fonctionnement au point de vue administratif des écoles maternelles et classes enfantines. Règlement scolaire modèle des écoles maternelles publiques. Personnel : nomination, avancement, discipline, récompenses. Œuvre complémentaire de l'école.

III. *Ecoles maternelles privées*. — Conditions exigées du personnel. Formalités requises pour l'ouverture des écoles privées. Droit d'opposition. Conditions d'exercice de l'enseignement privé. Pénalités de droit commun et mesures disciplinaires applicables au personnel.

Des autres autorités

chargées de l'Inspection et de la Surveillance
des Écoles

Nul ne peut être délégué cantonal s'il n'est Français et âgé de vingt-cinq ans au moins [1].

Nul chef ou professeur d'un établissement quelconque d'instruction primaire ne peut être délégué cantonal.

Les délégués cantonaux n'ont entrée que dans les écoles soumises spécialement par le conseil départemental à la surveillance de chacun d'eux.

Ils communiquent aux Inspecteurs de l'instruction primaire tous les renseignements utiles qu'ils ont pu recueillir.

Ils peuvent être consultés sur la convenance des locaux que les communes sont obligées de fournir pour la tenue de leurs écoles publiques.

Sur la fixation du nombre des écoles à établir dans

---

[1] Les femmes pourront faire partie des délégations cantonales, puisqu'elles font partie du Conseil départemental. — *Déclaration du Ministre.* — *Sénat, séance du 29 mars 1886.*

les communes et sur l'opportunité de la création d'écoles de hameau.

Sur les demandes de création d'emplois d'instituteur adjoint et d'institutrice adjointe.

L'inspection des autorités préposées à la surveillance des écoles en vertu des paragraphes 4 et 5 de l'article 9 de la loi du 30 octobre 1886 portera, dans les écoles publiques, sur l'état des locaux et du matériel, sur l'hygiène et sur la tenue des élèves.

Elle ne pourra jamais porter sur l'enseignement.

Les médecins désignés au paragraphe 7 de l'article 9 (p. 52) de la loi précitée n'auront entrée dans les écoles qu'après avoir été agréés par le préfet.

Ils devront remplir les conditions mentionnées en l'article 136 du présent décret.

Leur inspection ne pourra porter que sur la santé des enfants, la salubrité des locaux et l'observation des règles de l'hygiène scolaire.

Les dames spécialement déléguées pour l'inspection et la surveillance des internats de jeunes filles sont nommées par le Ministre, sur la proposition de l'inspecteur d'académie et avec l'agrément du préfet.

Elles doivent être âgées de trente ans au moins.

Leur mission est gratuite. Toutefois une indemnité peut leur être allouée pour frais de déplacement.

Elles visitent les établissements qui leur sont désignés par l'Inspecteur d'académie.

Leur inspection porte exclusivement sur le régime intérieur du pensionnat et sur l'état des locaux affectés aux élèves internes. Elles s'assurent que les règles de l'hygiène sont observées dans l'établissement et que les dortoirs ne contiennent pas plus d'enfants qu'ils ne doivent en recevoir d'après le chiffre fixé par le Conseil départemental.

Leurs observations sont consignées dans un rapport écrit qu'elles adressent à l'Inspecteur d'académie.

En dehors des autorités désignées par l'article 9 de la loi du 30 octobre 1886, nul ne peut inspecter ni surveiller aucun établissement d'instruction primaire.

L'entrée des écoles publiques de tout ordre est formellement interdite, à moins d'autorisation spéciale, à toute personne autre que celles qui sont désignés par la loi pour l'inspection et la surveillance des établissements d'instruction primaire.

Toutefois les préfets et sous-préfets ont entrée dans les écoles publiques de leurs départements ou de leurs arrondissements respectifs.

Art. 10. — Il peut être établi, dans chaque commune où il existe une école maternelle publique, un ou plusieurs comités de dames patronnesses présidés par le maire.

Les membres de ce comité sont nommés pour trois ans par l'Inspecteur d'académie, après avis du maire.

Ce comité a pour attribution exclusive de veiller à l'observation des prescriptions de l'hygiène, à la bonne tenue de l'établissement, à l'emploi des fonds ou dons en nature recueillis en faveur des enfants.

TITRE IV

DES CONSEILS DE L'ENSEIGNEMENT PRIMAIRE

CHAPITRE I

DU CONSEIL DÉPARTEMENTAL

Il est institué dans chaque département un Conseil de l'enseignement primaire composé ainsi qu'il suit :

1° Le préfet, président ;

2° L'inspecteur d'académie, vice-président ;

3° Quatre conseillers généraux élus par leurs collègues ;

4° Le directeur de l'école normale d'instituteurs et la directrice de l'école normale d'institutrices ;

5° Deux instituteurs et deux institutrices élus respectivement par les instituteurs et institutrices publics titulaires du département et éligibles, soit parmi les directeurs et directrices d'écoles à plusieurs classes ou d'écoles annexes à l'école normale, soit parmi les instituteurs et institutrices en retraite ;

6° Deux inspecteurs de l'enseignement primaire désignés par le Ministre.

Aucun membre du Conseil ne pourra se faire remplacer.

Pour les affaires contentieuses et disciplinaires intéressant les membres de l'enseignement privé, deux membres de l'enseignement privé, l'un laïque, l'autre congréganiste, élus par leurs collègues respectifs, seront adjoints au Conseil départemental.

ART. 45. — Les membres élus du Conseil départemental le sont pour trois ans. Ils sont rééligibles.

Les pouvoirs des conseillers généraux cessent avec leur qualité de conseillers généraux.

ART. 46. — Dans le département de la Seine, le nombre des conseillers généraux sera de huit, celui des inspecteurs primaires sera de quatre, et celui des membres élus, moitié par les instituteurs, moitié par les institutrices, sera de quatorze, à raison de deux pour quatre arrondissements municipaux et de deux pour chacun des arrondissements de Saint-Denis et de Sceaux.

ART. 47. — Les fonctions des membres du Conseil départemental sont gratuites. Cependant une indemnité de déplacement est accordée aux inspecteurs primaires et aux délégués des instituteurs et institutrices qui résident en dehors du chef-lieu du département.

Un règlement d'administration publique (p. 196) déterminera les formes de l'élection et la base de l'indemnité.

ART. 48. — Le Conseil départemental se réunit de droit au moins une fois par trimestre, le préfet pouvant toujours le convoquer selon les besoins du service.

En outre des attributions qui lui sont conférées par les dispositions de la présente loi, le Conseil départemental :

Veille à l'application des programmes, des méthodes et des règlements édictés par le Conseil supérieur, ainsi qu'à l'organisation de l'inspection médicale prévue par l'article 9 ;

Arrête les règlements relatifs au régime intérieur des établissements d'instruction primaire ;

Détermine les écoles publiques auxquelles, d'après le nombre des élèves, il doit être attaché un instituteur adjoint ;

Délibère sur les rapports et propositions de l'Inspecteur d'académie, des délégués cantonaux et des commissions municipales scolaires ;

Donne son avis sur les réformes qu'il juge utile d'introduire dans l'enseignement, sur les secours et encouragements à accorder aux écoles primaires et sur les récompenses ;

Entend et discute tous les ans un rapport général de l'inspecteur d'académie sur l'état et les besoins des écoles publiques et sur l'état des écoles privées ; ce rapport et le procès-verbal de cette discussion sont adressés au ministre de l'Instruction publique.

ART. 49. — La présence de la moitié plus un des membres du Conseil est nécessaire pour la validité de ses délibérations.

En cas de partage des voix, celle du Président est répondérante.

Les Conseils départementaux peuvent appeler dans leur sein les membres de l'enseignement et toutes les autres personnes dont l'expérience leur paraîtrait devoir être utilement consultée.

Les personnes ainsi appelées n'ont pas voix délibérative.

ART. 50. — Le Conseil départemental peut déléguer au tiers de ses membres le droit d'entrer dans tous les établissements d'instruction primaire, publics ou privés, du département.

Ces délégués se conformeront aux règles tracées pour l'inspection par l'article 9.

ART. 51. — Les directeurs et directrices d'écoles primaires supérieures publiques et les instituteurs et institutrices nommés membres du Conseil départemental seront adjoints au corps électoral chargé, aux termes de l'article 1er de la loi du 27 février 1880 (p. 1), d'élire les membres de l'enseignement primaire qui font partie du Conseil supérieur de l'Instruction publique.

ART. 52. — Le Conseil départemental désigne un ou plusieurs délégués résidant dans chaque canton pour surveiller les écoles publiques et privées du

---

La Commission entend que dans cette expression *les instituteurs et institutrices* sont compris les directeurs des écoles annexes des écoles normales que nous avons visés dans l'article 44. Nous ne voudrions pas qu'il y eût un doute à cet égard : les directeurs des écoles annexes sont des instituteurs. — *Déclaration du Rapporteur — Sénat. — Séance du 29 mars 1886.*

canton, et il détermine les écoles particulièrement soumises à la surveillance de chacun d'eux.

Les délégues sont nommés pour trois ans. Ils sont rééligibles et toujours révocables. Chaque délégué correspond tant avec le Conseil départemental, auquel il doit adresser ses rapports, qu'avec les autorités locales pour tout ce qui regarde l'état et les besoins de l'enseignement primaire dans sa circonscription.

Il peut, lorsqu'il n'est pas membre du Conseil départemental, assister à ses séances avec voix consultative pour les affaires intéressant les écoles de sa circonscription.

Les délégués se réunissent au moins une fois tous les trois mois au chef-lieu du canton, sous la présidence de celui d'entre eux qu'ils désignent, pour convenir des avis à transmettre au Conseil départemental.

ART. 53. — A Paris, les délégués nommés pour chaque arrondissement par le Conseil départemental se réunissent une fois tous les mois, sous la présidence du maire ou d'un de ses adjoints par lui désigné.

Conseil supérieur

Le Conseil supérieur de l'Instruction publique, présidé par M. le Ministre, se compose de 57 membres, dont 13 sont nommés par le Président de la République, et les 44 autres sont élus par leurs pairs pour une période de quatre ans, dans les différents ordres de l'enseignement supérieur, de l'enseignement secondaire et de l'enseignement primaire.

Les six membres de l'enseignement primaire sont élus au scrutin de liste par les inspecteurs généraux de l'enseignement primaire, le directeur de l'enseignement primaire de la Seine, les inspecteurs d'Académie, les inspecteurs de l'enseignement primaire, les directeurs et directrices des Écoles normales primaires, les inspectrices générales et les inspectrices des écoles maternelles, les directeurs et directrices d'écoles primaires supérieures publiques et les instituteurs et institutrices faisant partie des conseils départementaux.

Quatre membres de l'enseignement libre, nommés par le Président de la République sur la proposition du ministre.

Art. 2. — Tous les membres du Conseil sont nommés pour quatre ans. Leurs pouvoirs peuvent être indéfiniment renouvelés.

Art. 3. — Les neuf membres nommés conseillers par décret du Président de la République, et six conseillers que le ministre désigne parmi ceux qui procèdent de l'élection, constituent une Section permanente.

Art. 4. — La Section permanente a pour fonctions :

D'étudier les programmes et règlements avant qu'ils ne soient soumis à l'avis du Conseil supérieur.

Elle donne son avis :

Sur les créations de facultés, lycées, collèges, écoles normales primaires;

Sur les créations, transformations ou suppressions de chaires;

Sur les livres de classe, de bibliothèque et de prix qui doivent être interdits dans les écoles publiques;

Et enfin sur toutes les questions d'études, d'administration, de discipline ou de scolarité qui lui sont renvoyées par le Ministre.

Art. 5. — Le Conseil donne son avis :

Sur les programmes, méthodes d'enseignement, modes d'examens, règlements administratifs et disciplinaires relatifs aux écoles publiques, déjà étudiés par la Section permanente ;

Sur les règlements relatifs aux examens et à la collation des grades;

Sur les règlements relatifs à la surveillance des écoles libres;

Sur les livres d'enseignement, de lecture et de prix qui doivent être interdits dans les écoles libres comme contraires à la morale, à la Constitution et aux lois;

Sur les règlements relatifs aux demandes formées par les étrangers pour être autorisés à enseigner, à ouvrir ou à diriger une école.

Art. 6. — Un décret rendu en la forme des règlements d'administration publique, après avis du Conseil supérieur de l'Instruction publique, détermine le tarif des droits d'inscription, d'examen et de diplôme à percevoir dans les établissements d'enseignement supérieur, chargés de la collation des grades, ainsi que les conditions d'âge pour l'admission aux grades.

L'article 14 de la loi du 14 juin 1854 est abrogé.

Art. 7. — Le Conseil statue en appel et en dernier ressort sur les jugements rendus par les Conseils académiques en matière contentieuse ou disciplinaire.

Il statue également en appel et en dernier ressort sur les jugements rendus par les Conseils départementaux, lorsque ces jugements prononcent l'interdiction absolue d'enseigner contre un instituteur primaire, public ou libre.

Lorsqu'il s'agit : 1° de la révocation, du retrait d'emploi, de la suspension des professeurs titulaires de l'enseignement public, supérieur ou secondaire, ou de la mutation pour emploi inférieur des professeurs titulaires de l'enseignement public supérieur ; 2° de l'interdiction du droit d'enseigner ou de diriger un établissement d'enseignement prononcée contre un membre de l'enseignement, public ou libre ; 3° de l'exclusion des étudiants de l'enseignement public ou libre de toutes les académies, la décision du Conseil supérieur de l'Instruction doit être prise aux deux tiers des voix.

Peines disciplinaires

Les peines disciplinaires applicables au personnel de l'enseignement primaire public sont :

1° La réprimande ;

2° La censure ;

3° La révocation ;

4° L'interdiction à temps, dont la durée ne pourra excéder cinq années ;

5° L'interdiction absolue.

La réprimande est prononcée par l'inspecteur d'académie.

La censure est prononcée par l'Inspecteur d'académie, après avis motivé du Conseil départemental. Elle peut être prononcée avec insertion au *Bulletin des actes administratifs*.

La révocation est prononcée par le préfet, sur la proposition de l'inspecteur d'académie, après avis motivé du Conseil départemental. Dans le cas de révocation, le fonctionnaire inculpé a le droit de comparaître devant le Conseil et d'obtenir préalablement communication des pièces du dossier.

Le fonctionnaire révoqué peut, dans le délai de vingt jours, à partir de la signification de l'arrêté préfectoral, interjeter appel devant le ministre.

Le pourvoi n'est pas suspensif.

Les directeurs et directrices d'écoles primaires supérieures et d'écoles manuelles d'apprentissage, ainsi que les professeurs mentionnés dans l'article 24, sont déplacés ou révoqués par le ministre de l'Instruction publique dans les formes déterminées par le troisième paragraphe du présent article.

L'interdiction à temps et l'interdiction absolue sont prononcées par jugement du Conseil départemental.

Le fonctionnaire inculpé sera cité à comparaître en personne. Il pourra se faire assister par un défenseur et prendre communication du dossier.

La décision du Conseil départemental sera motivée.

Le fonctionnaire interdit a le droit, dans le délai de vingt jours à partir de la signification du jugement, d'interjeter appel devant le Conseil supérieur de l'instruction publique.

Cet appel ne sera pas suspensif.

Un décret rendu en la forme des règlements d'administration publique déterminera les règles de la procédure pour l'instruction, le jugement et l'appel.

Dans les cas graves et urgents, l'inspecteur d'académie, s'il juge que l'intérêt d'une école exige cette mesure, a le droit de prononcer la suspension provisoire d'un instituteur, pendant la durée de l'enquête disciplinaire, à la condition de saisir de l'affaire le Conseil départemental dès sa prochaine session.

Cette suspension n'entraîne pas de privation de traitement.

Récompenses honorifiques ·

(Arrêté organique du 18 janvier 1887)

Les médailles et mentions honorables dont il est question à l'article 34 de la loi du 30 octobre 1886 sont décernées par le ministre, le 14 juillet de chaque année, aux instituteurs et institutrices, dans chaque département, sur la proposition conforme du préfet et de l'inspecteur d'académie, après avis du Conseil départemental.

Il peut être accordé, chaque année, aux instituteurs, institutrices et directrices d'écoles maternelles de chaque département :

Une médaille d'argent pour chaque groupe de 300 titulaires et stagiaires, et une en plus pour toute fraction excédant 150 ;

Une médaille de bronze pour 150 titulaires et stagiaires ;

Une mention honorable pour 100.

Nul ne peut obtenir la mention honorable s'il ne compte au moins cinq ans de service comme titulaire.

Nul ne peut obtenir la médaille de bronze s'il n'a reçu la mention honorable depuis deux années au moins.

Nul ne peut obtenir la médaille d'argent s'il n'a reçu la médaille de bronze depuis deux années au moins.

Pour obtenir le titre d'honoraire, les instituteurs, institutrices et directrices d'écoles maternelles doivent remplir les conditions suivantes : justifier de vingt-cinq ans de service ; être pourvu au moins de la médaille de bronze.

Les nominations sont publiées au *Bulletin administratif* du ministère.

Les instituteurs honoraires seront admis à prendre part, avec voix délibérative, aux conférences pédagogiques dans le canton où ils résident.

Les instituteurs, institutrices et directrices d'écoles maternelles admis à la retraite antérieurement à la promulgation de la loi du 10 octobre 1886 peuvent obtenir le titre d'honoraire, s'ils remplissent les conditions prescrites par l'article 130 du présent arrêté.

III

HYGIÈNE

Voir l' « Instruction spéciale » concernant la construction, le mobilier et le matériel d'enseignement dans les Ecoles maternelles. Décret du 18 janvier 1887, art. 1 à 24, pages 7 à 18 de la présente brochure.

ARRÊTÉ ORGANIQUE DU 18 JANVIER 1887

DISPOSITIONS ADDITIONNELLES DU 24 JUILLET 1888 JUSQU'A JUILLET 1889

ART. 3. — Aucun enfant n'est reçu dans une école maternelle s'il n'est muni d'un billet d'admission signé par le maire, et s'il ne produit un certificat du médecin, dûment légalisé, constatant qu'il n'est atteint d'aucune maladie contagieuse, et qu'il a été vacciné [1].

---

[1] Le certificat du médecin a exclusivement en vue la sauvegarde des petits camarades. Muet sur la santé, sur le tempérament, sur la vue, sur l'ouïe, etc., de l'enfant à admettre, il est tout à fait insuffisant, et devra être mis le plus tôt possible en harmonie

Un médecin nommé par le maire visite une fois par semaine les écoles maternelles. Il inscrit ses observations sur un registre particulier (¹).

Après une absence pour cause de maladie, nul enfant ne sera admis de nouveau à l'école maternelle sans un certificat du médecin attestant sa guérison complète.

L'enfant amené à l'école maternelle dans un état de maladie n'est pas reçu. S'il devient malade dans le courant de la journée, il est reconduit chez ses parents, et, en cas d'urgence, envoyé chez le médecin de l'établissement.

Les enfants fatigués ou indisposés sont déposés sur un lit.

En cas d'absence réitérée d'un enfant, la directrice s'enquiert des causes de cette absence. Elle en donne, dans tous les cas, avis à la présidente du Comité de patronage, et fait visiter, s'il y a lieu, cet enfant dans sa famille.

---

avec la définition de l'Ecole maternelle, considérée comme une *école de soins*.

Quoi qu'il en soit, l'admission de l'enfant ne doit *jamais* précéder la présentation dudit certificat médical.

(¹) Cet article si important n'est appliqué que dans un nombre dérisoire de communes. Il tombe cependant sous le sens que l'école maternelle ne répondra véritablement à son objet que lorsqu'il sera appliqué rigoureusement.

Eau potable

I

RÈGLEMENT MODÈLE DU 18 AOUT 1893

ARTICLE PREMIER. — Les écoles doivent être pourvues d'eau pure (eau de source, eau filtrée ou bouillie). L'eau pure sera seule mise à la disposition des élèves.

II

CIRCULAIRE

ADRESSÉE PAR M. RAMBAUD, MINISTRE DE L'INSTRUCTION PUBLIQUE A MM. LES INSPECTEURS D'ACADÉMIE 4 JANVIER 1897

MONSIEUR L'INSPECTEUR,

Aux termes de la circulaire du 13 mars 1893, l'avis du Conseil départemental d'hygiène est obligatoire dans tous les cas, que l'établissement à ouvrir soit une école publique ou une école privée.

Cette prescription vous a été rappelée en ce qui concerne les écoles primaires privées par la circulaire du 24 août 1894. Il importe, en effet, pour vous permettre d'exercer le droit d'opposition qui vous a été conféré par l'article 38 de la loi du 30 octobre 1886, que vous soyez saisi en temps utile de l'avis autorisé de ce Conseil.

Son examen porte sur l'état de salubrité des locaux, au point de vue de la situation de l'immeuble, de l'aménagement intérieur et des maisons avoisinantes. Mais j'ai constaté que l'on ne s'inquiète pas toujours de la question de savoir si l'eau qui se trouve dans l'école et que les élèves boiront est saine et non susceptible d'occasionner des maladies.

Je vous prie, en conséquence, de prendre les mesures nécessaires pour que des renseignements précis vous soient toujours fournis sur la qualité de l'eau. Toutes les fois que vous le jugerez nécessaire, vous voudrez bien faire procéder à une analyse de cette eau. Vous aurez d'ailleurs toute facilité pour en envoyer, au besoin, un échantillon au laboratoire de la Faculté des Sciences la plus rapprochée.

J'ai donné des instructions pour que les analyses que vous demanderez soient faites gratuitement et dans un très court délai, l'école aux termes de la loi pouvant être ouverte, sans aucune autre formalité, à l'expiration du délai d'un mois.

Je vous prie de m'accuser réception de la présente circulaire.

Recevez, Monsieur l'Inspecteur, l'assurance de ma considération très distinguée.

III

EXTRAIT D'UNE CIRCULAIRE

DE M. LÉON BOURGEOIS, MINISTRE DE L'INSTRUCTION PUBLIQUE

« Pour les établissements qui n'auraient pas de filtres, et pour ceux qui, même en ayant, se trouveraient dans une localité contaminée ou simplement suspecte, le Comité d'hygiène insiste formellement pour que l'autorité responsable de l'état sanitaire prescrive de ne faire usage pour la boisson que d'une eau qui aura bouilli pendant un quart d'heure au moins et qui sera tenue en vase clos, parfaitement à l'abri du contact de l'air. Cette recommandation s'applique non seulement aux points menacés par le choléra, mais à tous ceux où l'on aurait à redouter d'autres épidémies, la fièvre typhoïde, par exemple.

« La garde du filtre ne doit jamais être confiée exclusivement aux domestiques, surtout pendant la première année du fonctionnement. »

Locaux, Mobilier, Matériel

*Voir les articles relatifs à la construction, au mobi-
lier et au matériel, pages 7 à 31 de la présente
brochure.*

Aération

Pendant la durée des récréations et le soir après le
départ des enfants, les classes doivent être aérées par
l'ouverture de toutes les fenêtres (¹).

(¹) Cette prescription doit être suivie aussi
pendant les évolutions d'un quart d'heure qui
séparent les exercices intellectuels ou manuels
de l'école maternelle. Ces évolutions ont lieu
dans la cour s'il fait beau; dans le préau, s'il pleut.

Elle est même insuffisante; une fenêtre au moins
devrait rester ouverte — si le temps n'est pas tout
à fait mauvais — pendant que les enfants sont
dans les salles.

Propreté des enfants, alimentation

A l'arrivée des enfants à l'école maternelle, la directrice doit s'assurer par elle-même de leur état de santé et de propreté ; elle exigera que chacun soit pourvu d'un mouchoir de poche, et que son panier contienne, outre ses aliments, un couvert et une serviette ([1]).

([1]) Cet article du règlement du 18 janvier 1887 doit être suivi à la lettre ; car ce n'est pas au moment où tous les enfants sont réunis qu'il est possible de s'assurer de leur état de propreté et de santé. De même l'examen du panier et des aliments qui y sont contenus — abstraction faite des objets indispensables, tels que le couvert et la serviette — demande plus de temps que les maîtresses n'en peuvent donner au moment de l'entrée dans les salles d'exercices.

Avant et après le repas (¹) et à l'issue de la récréation, les enfants doivent être conduits aux lavabos.

(¹) **Le régime** alimentaire des enfants de l'école maternelle, surtout de ceux de la Ire section (deux à quatre ans), devrait se composer exclusivement de lait, de bouillies, de pâtes, de purées, de légumes et d'œufs.

Leur digestion doit être étroitement surveillée.

Propreté du local

Art. 4. — Le nettoyage du sol ne doit pas être fait à sec par le balayage, mais au moyen d'un linge ou une éponge mouillée promenée sur le sol (¹).

Art. 5. — Hebdomadairement il est fait un lavage du sol à grande eau avec un liquide antiseptique. Un lavage analogue des parois doit être fait au moins deux fois par an, notamment aux vacances de Pâques et aux grandes vacances.

La désinfection doit être effectuée après chaque cas de maladie contagieuse.

(¹) Ou mieux encore à la sciure de bois humide.

Mesures générales à prendre
en présence d'une maladie contagieuse

Le licenciement de l'école ne doit être prononcé que dans les cas spécifiés à l'article 14. Auparavant, l'on doit recourir aux évictions successives et employer les mesures de désinfection prescrites ci-après.

Tout enfant atteint de fièvre (¹) doit être immédiatement éloigné de l'école ou envoyé à l'infirmerie dans le cas d'internat.

Tout enfant atteint d'une maladie contagieuse confirmée doit être éloigné de l'école et, sur l'avis du médecin chargé de l'inspection, cette éviction peut s'étendre aux frères et aux sœurs dudit enfant, ou même à tous les enfants habitant la même maison.

La désinfection de la classe est faite soit dans l'entre-classe, soit le soir, après le départ des élèves.

Elle comprend :

(¹) Cette prescription implique rigoureusement : 1° l'adjonction d'une chambre d'isolement au local de l'École maternelle, les enfants ne pouvant être remis à leur mère absente ;

2° D'un thermomètre permettant de prendre la température de l'enfant.

Le lavage de la classe (sol et parois) avec une solution antiseptique;

La désinfection par pulvérisation des cartes et objets scolaires appendus au mur;

La désinfection par lavage des tables, bancs, meubles, etc.

La désinfection complète du pupitre de l'élève malade.

La destruction par **le feu** des livres, cahiers, etc., de l'élève malade et des jouets ou objets qui auraient pu être contaminés dans l'école maternelle.

Il est adressé à la famille de chaque enfant atteint de maladie contagieuse une instruction sur les précautions à prendre contre les contagions possibles, et sur la nécessité de ne renvoyer l'enfant qu'après qu'il aura été baigné ou lavé plusieurs fois au savon et que tous ses habits auront subi soit une désinfection, soit un lavage complet à l'eau bouillante.

Les enfants qui ont été malades ne rentreront à l'école qu'après un certificat médical et qu'il se sera écoulé, depuis le début de la maladie, une période de temps égale à celle prescrite par les instructions de l'Académie de médecine.

Dans le cas où le licenciement est reconnu nécessaire, il est envoyé à chaque famille, au moment du licenciement, un exemplaire de l'instruction relative à la maladie épidémique qui l'aura nécessité.

MESURES PARTICULIÈRES

Sur l'avis du médecin inspecteur, les mesures suivantes doivent être prises, conformément aux indications contenues dans le rapport adopté par le Comité consultatif d'hygiène annexé, lorsque les maladies ci-dessous désignées sévissent dans une école.

Variole. — Eviction des enfants malades (durée : 40 jours). — Destruction de leurs livres et cahiers. — Désinfection générale. — Revaccination de tous les maîtres et élèves.

Scarlatine. — Eviction des enfants malades (durée : 40 jours). — Destruction de leurs livres et cahiers. — Désinfection générale. — Licenciement si plusieurs cas se produisent en quelques jours malgré toutes précautions.

Rougeole. — Eviction des enfants malades (durée : 16 jours). — Destruction de leurs livres et cahiers. — Au besoin licenciement des enfants au-dessous de six ans.

Varicelle. — Evictions successives des malades.

Oreillons. — Evictions successives de chacun des malades (durée : 10 jours).

Diphtérie. — Eviction des malades (durée : 40 jours). — Destruction des livres, des cahiers, des jouets et objets qui ont pu être contaminés. — Désinfections successives.

Coqueluche. — Évictions successives (durée : 3 semaines).

Teignes et pelade (¹). — Évictions successives. — Retour après traitement et avec pansement méthodique.

Pelade. — Les épidémies de pelade ont sévi quelquefois, et dernièrement encore, dans des établissements d'instruction publique.

Pour prévenir la contagion de la pelade, sans cependant entraver l'instruction de jeunes gens atteints d'une maladie dont la transmission n'est pas fatale et dont l'évolution est souvent assez longue, l'Académie de médecine conseille l'adoption des mesures ci-après :

Les jeunes peladiques ne pourront être admis que sur la présentation d'un certificat du médecin de l'établissement attestant la possibilité de recevoir le sujet. Ils seront séparés pendant les classes et isolés pendant les récréations. Si la présence d'un de ces malades, admis ou conservés par tolérance, venait à occasionner des cas nouveaux, la tolérance cesserait aussitôt.

Pour préserver les sujets sains, les contacts immédiats seront évités en obligeant les peladiques à maintenir leur tête couverte ou au moins la partie malade. Les autres élèves seront prévenus de n'employer aucun

---

(¹) Pour les écoles maternelles et les classes enfantines, tant qu'un certificat médical n'aura pas attesté la guérison, la non-admission ou l'exclusion seront la règle, parce que la rigueur de ces mesures n'a pas pour les enfants de cet âge la même gravité que pour ceux qui sont plus avancés et parce qu'il est impossible de compter en rien sur leur concours (Circulaire de M. E. Lockroy, 10 octobre 1888).

objet appartenant à leurs camarades et particulièrement les objets qui ont été en rapport avec **la tête** et la face de ceux-ci.

L'échange des coiffures, cause fréquente de transmission, sera sévèrement interdit. Les objets de toilette du malade lui seront exclusivement réservés ainsi que sa literie, spécialement les oreillers et traversins.

Enfin, comme mesures de prophylaxie générale, l'Académie, tout en laissant au médecin traitant sa liberté complète, demande que, pendant toute la durée de la maladie, les élèves aient les cheveux tenus courts sur toute la tête ; chaque matin, les parties malades seront exactement lavées à l'eau chaude et au savon, sans préjudice des moyens thérapeutiques que le médecin jugera utile d'appliquer et dont il conserve la plus libre disposition. Ces mesures ont pour seul but d'éliminer régulièrement de la surface de la tête tout élément qui y serait déposé, et qui pourrait être un agent de transmission ; elles sont absolument de rigueur. Il sera prudent de les continuer longtemps après la guérison confirmée, non seulement pour assurer celle-ci, mais encore pour prémunir les sujets sains contre la contamination directe ou indirecte, au cas, très fréquent, de guérison imparfaite ou de récidive. Enfin, tous les objets ayant été en contact avec la tête des peladiques seront désinfectés, sinon détruits. Cette mesure est nécessaire, même pour le peladique, qui peut être réinfecté par ses propres coiffures.

CIRCULAIRE

RELATIVE AUX MESURES A PRENDRE
CONTRE LA CONJONCTIVITE GRANULEUSE

(30 septembre 1891)

MONSIEUR LE RECTEUR,

J'ai l'honneur de porter à votre connaissance les présomptions formulées par l'Académie de médecine en vue des mesures à prendre dans les lycées et collèges (¹) au sujet de la conjonctivite granuleuse.

1° N'accepter aucun élève dans l'établissement avant qu'il ait subi un examen des yeux au point de vue de la conjonctivite granuleuse ;

2° Sur les élèves admis à fréquenter l'établissement, pratiquer régulièrement un examen tous les trois mois au moins, et cela indistinctement, que les élèves se plaignent ou non d'affections oculaires. La raison de cet examen de la totalité des élèves tient à ce que les granulations palpébrales existent à l'état latent et qu'elles peuvent passer inaperçues, si l'on ne procède pas au renversement des paupières ;

(¹). Dans les écoles maternelles à plus forte raison.

3° Sitôt qu'un élève offre de vraies granulations déclarées telles par un médecin compétent, on doit l'isoler et le traiter avec vigueur, de façon à éteindre au plus tôt le foyer de contamination, et à permettre à l'élève de continuer ses études ;

4° Il va de soi que ce sera au médecin d'indiquer, dans chaque cas particulier, le moment où l'élève sera autorisé à reprendre, sans danger pour les autres, le cours de ses études. Je n'ai pas besoin, Monsieur le Recteur, d'insister auprès de vous sur l'importance des conclusions de l'Académie, etc.

LÉON BOURGEOIS.

IV

ENSEIGNEMENT

DÉCRET ORGANIQUE DU 18 JANVIER 1887

SUR L'ENSEIGNEMENT PRIMAIRE

TITRE I

DE L'ENSEIGNEMENT PUBLIC

CHAPITRE I. — *Écoles maternelles et classes enfantines.* — Les *écoles maternelles* sont des établissements de première éducation où les enfants des deux sexes reçoivent en commun les soins que réclame leur développement physique, moral et intellectuel.

Les enfants peuvent y être admis depuis l'âge de deux ans révolus et y rester jusqu'à l'âge de six ans.

Les *classes enfantines* forment le degré intermédiaire entre l'école maternelle et l'école primaire. Elles ne peuvent exister que comme annexe d'une école primaire élémentaire ou d'une école maternelle.

Les enfants des deux sexes y sont admis depuis l'âge de quatre ans au moins à sept ans au plus. Ils y reçoivent, avec l'éducation de l'école maternelle, un commencement d'instruction élémentaire.

Aucune école maternelle publique ne devra recevoir plus de 150 enfants, à moins d'une autorisation spéciale de l'Inspecteur d'Académie.

Dans toute école maternelle publique, les enfants sont divisés en deux sections, suivant leur âge et le développement de leur intelligence.

Si la moyenne des présences dépasse le nombre de cinquante enfants, la directrice sera aidée par une adjointe. La directrice et l'adjointe s'occuperont alternativement de l'une et de l'autre section (¹).

(¹). Cette alternance, favorable peut-être à l'éducation professionnelle des maîtresses, nous semble préjudiciable à des enfants si jeunes, qui ont besoin pour s'épanouir en toute sécurité, d'être confiés à une direction unique. La seule concession que nous puissions faire, c'est qu'une maîtresse ayant une spécialité vienne, en certains jours ou à certaines heures diriger dans chaque classe l'exercice où elle excelle.

Instructions

à l'usage des Écoles maternelles

ARRÊTÉES PAR LE COMITÉ DES INSPECTRICES GÉNÉRALES
DES ÉCOLES MATERNELLES

(16 MARS 1908)

A. — OBJET DE L'ÉCOLE MATERNELLE

L'école maternelle a pour but de donner aux enfants au-dessous de l'âge scolaire les soins que réclame leur développement physique, intellectuel et moral. (*Décret du 2 août* 1881.)

L'école maternelle n'est pas une école au sens ordinaire du mot : c'est un abri destiné à sauvegarder l'enfant des dangers de la rue, comme des dangers de la solitude dans un logis malsain. Elle doit donc encourager la fréquentation quotidienne des enfants errants et de ceux dont la mère travaille tous les jours et toute la journée hors de la maison; — elle recevra les autres aux heures où leur mère ne peut pas s'en occuper; — elle donnera également l'hospitalité pendant les récréations aux enfants privés de camarades de leur âge.

La valeur de la directrice d'école maternelle ne se mesure nullement par le nombre de connaissances communiquées et la durée des exercices, mais plutôt par les connaissances et la sollicitude manifestées à propos de la santé et du bien-être des enfants : soins d'aération, d'alimentation, de vestiaire, de propreté sous toutes ses formes, de prophylaxie, etc., etc., comme aussi par l'ensemble des bonnes influences auxquelles l'enfant est soumis, par le plaisir qu'on lui fait prendre aux occupations, par les habitudes d'ordre, de politesse, d'obéissance, de bonne humeur, de serviabilité, d'attention, d'adresse manuelle, d'activité intellectuelle qu'il contracte peu à peu.

Tous les exercices de l'école maternelle — occupations et récréations — seront réglés d'après ce principe général : Ils doivent aider au développement des diverses facultés de l'enfant, sans fatigue, sans contrainte, sans excès d'application ; ils sont destinés à l'éloigner du désœuvrement en lui faisant éprouver les jouissances de l'activité. — Le but à atteindre, en tenant compte des diversités de tempérament, de la précocité des uns, de la lenteur des autres, c'est qu'ils aiment leur tâche, leurs jeux, leurs occupations de toutes sortes.

Une bonne santé ; — la vue, l'ouïe, le toucher, exercés par une suite graduée de petits jeux et de petites expériences personnelles, tantôt libres, tantôt provoquées par la maîtresse et toutes propres à faire l'éducation des sens ; — l'empressement à regarder, à imiter, à questionner, à écouter, à répondre ; — un commencement d'habitudes disciplinées et de curiosités intellectuelles sur lesquelles l'école primaire puisse s'appuyer pour donner plus tard un enseignement régulier ; — l'intelligence éveillée, enfin, et l'âme ouverte à toutes les bonnes impressions morales : tels doivent être les effets de ces premières années passées à l'école maternelle.

B. — MÉTHODE

Ces principes posés, quelle est la méthode qu'il conviendra d'appliquer aux écoles maternelles ? — C'est évidemment celle qui s'inspire du nom même de l'établissement, c'est-à-dire celle qui consiste à imiter le plus possible les procédés d'éducation d'une mère intelligente et dévouée, — méthode ussentiellement naturelle, familière, toujours ouverte à de nouveaux progrès, toujours susceptible de se compléter et de se réformer.

C. — PROGRAMME DU 18 JANVIER 1887

Ce programme, rappelé par la circulaire du 22 février 1905 ([1]) — et excellent s'il est de mieux en mieux interprété ([2]) — comprend par ordre d'importance :

([1]) Voir cette circulaire ci-dessus, page 3.

([2]) Le programme du 18 janvier 1887 comprenait sous la rubrique : *Plan et Division du Cours*, les développements ci-après, que l'on croit devoir reproduire ici à titre de renseignement :

« Les jeux se divisent en jeux au préau et en jeux dans la cour ; un matériel de jouets sera approprié aux uns et aux autres.

« L'enseignement du chant comprend les chants à l'unisson et à deux parties qui accompagnent les jeux et les évolutions.

« La maîtresse se servira du diapason.

« Les exercices manuels consistent en tressage, tissage, pliage, piquage, découpage avec les doigts, petits ouvrages de tricot, enfilage de perles, petites constructions à l'aide de carton et de paille, de cubes, de sable, etc.

« Sont interdits les travaux de couture et tous autres travaux de nature à fatiguer les enfants.

« Les premiers principes d'éducation morale

1° Des jeux, des mouvements gradués et accompagnés de chants ;
2° Des exercices manuels ;
3° Les premiers principes d'éducation morale ;

---

sont donnés, non sous forme de leçons suivies,
mais à l'aide d'entretiens familiers, de récits, de
chants destinés à inspirer aux enfants le sentiment
de leurs devoirs envers la famille, la patrie et
Dieu.

« Ces premiers principes devront être indépen-
dants de tout enseignement confessionnel.

« Les connaissances usuelles comportent des
notions très élémentaires : — sur le vêtement,
l'habitation, l'alimentation ; — sur l'homme, les
animaux, les plantes et les pierres; les couleurs
et les formes, la division du temps, les saisons ;
— sur les points cardinaux, sur la France et les
principaux pays de la terre.

« Cet enseignement est donné à l'aide d'objets
réels et d'images.

« Les exercices de langage, qui ne doivent être
séparés d'aucun des enseignements, ont pour but
d'habituer les enfants à exprimer leurs idées d'une
façon simple et correcte, d'étendre leur vocabu-
laire dans la mesure du développement de leur
intelligence et de leurs besoins.

« Les premiers éléments du dessin comprennent :

« 1° Des combinaisons de lignes au moyen de

4° Les connaissances usuelles ;

5° Des exercices de langage, des récits, des contes ;

6° Les premiers éléments du calcul, du dessin, de l'écriture et de la lecture. (Ces deux dernières réservées aux enfants au-dessus de cinq ans.)

---

lattes, bâtonnets, etc. ; la reproduction sur l'ardoise de ces combinaisons, ainsi que des dessins faciles, par la maîtresse, au tableau noir ;

« 2° La reproduction sur l'ardoise et sur le papier d'objets usuels et d'ornements très simples.

« L'enseignement de la lecture portera, non sur des combinaisons difficiles de lettres, ni sur des syllabes inintelligibles pour l'enfant, mais sur des mots usuels et des phrases simples. Autant que possible, les enfants se serviront de lettres mobiles pour apprendre à lire.

« L'enseignement de l'écriture, comme celui de la lecture, est réservé aux enfants de la première section.

« Les éléments du calcul comprennent :

« 1° La formation et la représentation des nombres de 1 à 10, de 10 à 100, à l'aide d'objets mis entre les mains des enfants (lattes, bâtonnets. cailloux, graines, monnaies et mesures usuelles) ;

« 2° Les quatre opérations appliquées aux premières centaines, toujours à l'aide d'objets ;

« 3° La représentation des cent premiers nombres par les chiffres.

« Les enfants sont exercés au calcul mental sur

Il tombe sous le sens que ce programme s'applique à tous les enfants de 2 à 6 ans, quel que soit l'établissement scolaire qu'ils fréquentent.

Le développement physique étant la base de l'éducation, le programme débute par les exercices physiques.

L'enfant exerce d'abord ses jambes, ses bras, sa voix, ses sens, par les jeux, les mouvements gradués, les chants ; il devient adroit de ses mains et développe son goût par les exercices manuels.

En jouant avec ses camarades, en mangeant et en travaillant à côté d'eux, il apprend à vivre en société ; sa conscience s'éveille, les premiers principes de morale lui sont révélés. Sans entendre jamais une *leçon* de morale, il comprend peu à peu qu'il ne doit être ni accapareur, ni brutal, ni égoïste, ni indolent ; qu'il doit aimer ses parents, ses maîtres et leur obéir. Jour après jour, il s'élèvera à la générosité et à la douceur, à l'amour du travail, à la confraternité, à la bonté. Il

---

toutes les combinaisons de nombres qu'ils auront étudiées.

« Les récits ou contes, faits le plus possible sur des images, seront consacrés à représenter des scènes de la vie enfantine, à faire naître, par des anecdotes, des descriptions, quelques traits de biographies ou épisodes de voyages, l'idée et l'amour de la France.

« Les exercices intellectuels et les exercices manuels doivent alterner. La durée n'en dépassera pas vingt minutes. Ils seront toujours séparés par des chants, des mouvements, des marches ou des évolutions. »

doit savoir *cela* avant de savoir lire et écrire ; mais il ne peut l'apprendre qu'autant que son développement physique le lui permet.

L'éducation intellectuelle vient ensuite, mais allégée, réduite à sa plus simple expression, le programme n'existant que pour indiquer des sujets de causerie... quand l'occasion s'en présentera.

Les exercices manuels doivent alterner avec les exercices plus spécialement intellectuels (au maximum deux par jour de ces derniers et plutôt le matin). La durée n'en dépassera pas vingt minutes. Ils seront toujours séparés par des chants, des mouvements, des marches ou des évolutions.

D. — PLAN ET DÉTAIL DES PROGRAMMES

Voir les tableaux ci-après :

JEUX ET CHANTS

Petite Section (2 a 5 ans).

Jeux libres et jeux dirigés :

A. Jeux de classe avec jouets. — Poupées et ménages, cubes, briques, animaux de bois, cuvettes à sable, etc.

B. Jeux de classe sans jouets. — Gestes d'imitation.

C. Jeux d'action (cour ou préau) avec jouets. — Seaux et sable, brouettes, guides, balles, quilles, etc.

D. Jeux d'action (cour ou préau sans jouets). — Type : Chat perché.

Jeux d'action (cour ou préau) avec chants. — Type : Chat et souris.

Jeux d'action (cour ou préau), chants mimés. — Type : Pont d'Avignon.

Jeux d'action (cour ou préau). Rondes.

Chants de la maîtresse et de la grande section écoutés par les petits.
Chants à l'unisson très simples.

GRANDE SECTION (5 A 6 ANS)

Jeux libres et jeux dirigés :

A. Jeux de classe avec jouets. — Comme ci-dessus : en outre, osselets, bilboquets à cornets, lotos, patiences, etc.

B. Jeux de classe sans jouets. — Type : Pigeon vole.

C. Jeux d'action (cour ou préau) avec jouets. — Sabots, cordes, cerceaux, passeboules, etc.

D. Jeux d'action (cour ou préau) sans jouets. — Cloche-pied, marelle, etc.

Jeux d'action (cours ou préau) avec chants. — Type : la Marjolaine.

Jeux d'action (cour ou préau), chants mimés.

Marches et évolutions d'ensemble avec pas de danse faciles et figures avec accessoires. (Types : scènes Dalcroze.)

Chants à l'unisson et à deux parties exclusivement appris par l'audition et avec accompagnement d'instrument (violon ou autre).

EXERCICES MANUELS

PETITE SECTION

Enfilage de perles. — Déchiquetage. — Fleurs. — Modelage. — Parfilage. — Piquage. — Tressage. — Chaînette au bouchon, etc.

GRANDE SECTION

Comme précédemment. — Broderie sur canevas ou papier (coton ou rafia). — Petites constructions très simples avec paille et carton (exceptionnellement). — Petits exercices au crochet, à la fourche, etc. — Imitation de travaux du pays et utilisation de produits locaux.

ÉDUCATION MORALE

Petite Section

Organisation générale propre à éviter le désœuvrement et l'ennui et à favoriser la bonne humeur et la bonne volonté, condition de toute éducation. — Soins donnés aux enfants pour leur faire prendre de bonnes habitudes, gagner leur affection et maintenir entre eux l'harmonie. — Conseils d'hygiène occasionnels sans leçons proprement dites.

Education morale pratique, par les jeux individuels et collectifs (habitude de l'entre-aide); par les exercices ménagers (soins personnels et soins domestiques). — Boîtes d'économie domestique (fil, aiguilles, boutons, brosses, etc., etc.).

Grande Section

Comme précédemment, en occupant de plus en plus les enfants les uns pour les autres (travaux des grands pour les jeunes) et en leur proposant de petites responsabilités et de petits services d'utilité générale (tenue de l'école). — Tutelle d'un petit par un grand.

Soins de plantes d'appartement et de jardin. — Soins d'animaux si les cours et dépendances permettent d'en installer quelques-uns sans inconvénients (animaux inoffensifs, relativement sans odeur, et que la captivité ne semble pas faire souffrir : tortues, poissons, tourterelles, souris blanches, etc.).

LEÇONS DE CHOSES

Petite Section

Observation libre, par les fenêtres, si possible : la cour, le jardin, la rue. — Expériences libres avec abondant matériel de jouets et d'objets usuels.

Exercices d'observation dirigés par la maîtresse pour amener les enfants à regarder, à palper, à flairer, à imiter, à questionner, à répondre. — Objets usuels mis sous leurs yeux et dans leurs mains ; utilisation pratique de ces objets devant les enfants et avec leur concours, pour en rappeler le nom et l'usage.

Mise en scène de la vie des animaux familiers avec personnages mobiles (animaux de bois, gravures découpées, etc.).

Grande Section

Exercices libres ou dirigés, comme précédemment. — Affinement des sens : couleurs et nuances, formes et dimensions, poids, sons, odeurs, saveurs, etc. — Notions très élémentaires avec expériences sur les objets de vêtement, d'alimentation, d'habitation, de travail (objets réels et parfois gravures).

Mœurs familiales des animaux domestiques et sauvages, sans se borner à leur utilité au point de vue de l'homme. — Soins dus aux animaux domestiques. — Noms des plantes alimentaires et ornementales de la contrée (arbres de la cour, de la route, fleurs familières).

Observation quotidienne et directe des saisons : leurs aspects, leurs travaux, leurs produits, selon chaque localité.

Orientation de la classe et situation de l'école par rapport au quartier. — Notions géographiques au moyen du sable.

LANGAGE

Petite Section

Exercices de prononciation à l'aide des images et des exercices de mémoire.

GRANDE SECTION

Comme précédemment.

Jeux par questions et réponses. — Verbes mimés ; conjugaison orale avec les termes de temps (hier, aujourd'hui, demain, etc.).

Récits et lectures enfantines faites par la maîtresse et suivis de causeries avec les enfants.

CALCUL, DESSIN, ÉCRITURE, LECTURE

PETITE SECTION

Calcul. — Groupements très variés d'objets semblables : 2, 3, 4, 5 jusqu'à 10, et compte de ces objets (sacs individuels de cailloux, bâtonnets, coquillages, etc.

Dessin. — Crayonnages libres. — Silhouettes et alignements au moyen de cubes, briques, bâtonnets, lattes, cailloux, jetons, boutons, etc. — Essais de copie de ces combinaisons sur l'ardoise.

Aucun exercice de lecture.

GRANDE SECTION

Calcul. — Groupements d'objets : 20, 30, 40, jusqu'à 50 (sacs individuels). — Demi ; moitié ; tiers ; quart.

Petits exercices de calcul mental : additions, soustractions, multiplications, divisions. — Représentation des nombres, de l'unité jusqu'à 50.

Petits exercices de calcul avec dessins correspondants. — Exercices et jeux avec le mètre, le franc, le litre, les poids (balance, kilogr. et demi-kilogr.).

Dessin. — Crayonnages libres une fois par semaine, sur cahier, pour permettre de constater les progrès. — Décalcage de feuilles. — Silhouettes, bordures, rosaces par groupements et alignements d'objets comme précédemment. — Copie en noir ou en couleur de ces combinaisons sur l'ardoise ou le papier. — Petits dessins symétriques sur papier quadrillé; piquage et broderie de ces dessins. — Copie d'objets usuels très simples. — Croquis de tous genres.

Premiers exercices d'écriture.

Premiers exercices de lecture et le plus vite possible, copie quotidienne d'une des phrases de la leçon de lecture, écrite au tableau noir.

Vu et approuvé :

*Pour le Ministre de l'Instruction publique
et des Beaux-Arts :*

Le Directeur de l'Enseignement primaire,

Signé : A. GASQUET.

CIRCULAIRE DU 22 FÉVRIER 1905

ADRESSÉE A MM. LES PRÉFETS ET A MM. LES INSPECTEURS D'ACADÉMIE

Les rapports de Mmes les Inspectrices générales des écoles maternelles signalent et déplorent chaque année en même temps que des installations défectueuses et non conformes aux règles de l'hygiène, des erreurs de pédagogie graves contre lesquelles il est indispensable de réagir avec toute l'insistance et l'autorité dont vous disposez.

L'école maternelle est peu à peu dévoyée de ses fins et débordée par l'enseignement primaire. On oublie qu'elle a son objet propre; qu'elle ne doit être ni une garderie, ni une école élémentaire; qu'elle doit seulement préparer et acheminer les enfants à cette école.

Le mal vient de loin, et diverses causes ont concouru à ce résultat :

1° Le programme de 1882, trop ambitieux surtout dans sa forme, entretenait dans l'esprit des maîtresses des visées trop hautes. Il perdait trop de vue et les conditions du développement physiologique de l'enfance et les lois de son développement intellectuel. Il invitait le personnel à donner à l'enseignement une allure scientifique et à distribuer sans ordre ni méthode des notions confuses, inassimilables, propres à fausser l'esprit des enfants ou à les dégoûter plus tard de l'étude.

Instruite par l'expérience et frappée de ces défauts, l'Administration réunit une commission d'études en vue de l'allègement et de la rectification du programme; Il en résulta le programme dit *de* 1887, qui se compose de six articles énumérées, comme suit, par ordre d'importance (Voir plus haut page 64).

Malheureusement, le plan et la division des cours ainsi que le programme spécial et mensuel de leçons de choses, annexé au programme de 1882, ont été de même annexés sans modification au programme nouveau de 1887. De là une discordance tout à fait regrettable et une contradiction évidente entre le principe même de la réforme et les moyens proposés pour son application. Ce programme ancien, pour d'autres raisons encore, ne saurait plus convenir à la situation présente, l'âge maximum de scolarité des enfants ayant été abaissé de sept à six ans, et d'autre part, sa mise en pratique supposant une culture et des connaissances que la plupart de nos maîtresses sont loin de posséder.

Il faut donc rompre nettement avec cette erreur dès longtemps reconnue. Chaque maîtresse doit s'en tenir désormais à la préparation d'un plan quotidien qui réponde mieux à ses aptitudes et à ses connaissances et s'adapte plus exactement à l'âge, au caractère, au développement des enfants, aussi bien qu'aux circonstances locales.

Il est temps surtout de rappeler au personnel que le règlement de 1887 réserve expressément l'enseignement de l'écriture et celui de la lecture aux enfants de la 1re section; que cet enseignement n'est pas l'objet immédiat et principal de l'école maternelle et qu'il n'occupe à dessein que la sixième et dernière place dans l'énumération des matières de l'article 4.

Il est bon enfin d'ajouter que, peu avant l'Exposition de 1889, une commission composée de membres de l'Institut, de la Faculté de médecine, du Conseil supérieur de l'Instruction publique, et dite *Commission du surmenage*, très préoccupée des effets désastreux de la sédentarité et de l'enseignement intellectuel prématuré sur le développement physique de l'enfant et sur sa santé, a renchéri sur les allègements prescrits en 1887 et n'a pas craint de demander que le travail sédentaire fût entièrement proscrit dans les écoles maternelles, exigeant à tout le moins que deux exercices intellectuels ne fussent jamais consécutifs et que tous les exercices intellectuels et manuels fussent séparés par quinze minutes d'évolutions ;

2° On continue à mal observer l'article 7 du décret du 18 janvier 1887, ainsi conçu : « Dans toute école maternelle publique, les enfants sont divisés en deux sections, suivant leur âge et le développement de leur intelligence. »

Dans la plupart de nos écoles, les enfants forment trois sections, quoiqu'il n'y ait que deux maîtresses.

Les plus jeunes sont confiés à la femme de service, mal dressée, parce qu'elle change souvent et dépourvue trop fréquemment de toute notion d'hygiène et de propreté. Or l'école maternelle doit avant tout être une école d'hygiène et de propreté ; à défaut de la famille, c'est là que l'enfant doit en prendre le goût, l'habitude et en contracter le besoin.

Vient ensuite une deuxième section, dite *des moyens*, dont l'emploi du temps ne diffère en rien de la section des grands et où l'enseignement ne peut qu'être encore plus infructueux et de plus fâcheux effet. Quel que soit d'ailleurs le nombre des maîtresses et des enfants, le sectionnement, au lieu de s'opérer en sections parallèles, comprenant des enfants du même âge, s'opère en sections superposées, où l'enseignement primaire sévit d'autant plus que le nombre des élèves augmente, parce qu'il semble plus commode pour obtenir le silence et l'immobilité et parce qu'il demande moins à l'ingéniosité et à l'effort des maîtresses ;

3° L'inspection des écoles maternelles s'exerce presque partout par les inspecteurs primaires. Ceux-ci jugent une école et apprécient les maîtresses par les progrès en lecture, écriture et calcul : sauf d'honorables mais très rares exceptions, ils ne semblent attacher qu'une importance secondaire aux soins de propreté, à la surveillance des repas, aux jeux et aux travaux manuels. Ils oublient que la meilleure école est celle ou règnent les habitudes de propreté, où rayonnent la gaieté et la santé, où l'animation et la vie se concilient le mieux avec l'ordre et avec l'alternance des exercices ;

4° Les parents et les instituteurs ont une grave responsabilité dans les fautes commises par l'école maternelle. Les premiers, par ignorance et amour-propre déplacé, se croient en droit d'exiger que leurs enfants apprennent à lire et à écrire avant de savoir parler et comprendre le sens des paroles qu'on leur adresse. Les instituteurs et institutrices de l'école primaire, méconnaissant les dangers de l'effort intellectuel primaire et peu soucieux d'enseigner eux-mêmes ce qu'on appelait autrefois les trois matières obligatoires, déprécient volontiers les directrices d'écoles maternelles, si les enfants qu'elles leur envoient ne savent pas déjà lire, écrire et compter. Les uns et les autres ne semblent pas se douter que le progrès ultérieur de l'intelligence est plus sûrement procuré à l'enfant par le goût et l'habitude de l'observation personnelle et par l'apprentissage méthodique de la vision directe et réelle des objets usuels qui les entourent.

Il incombe aux inspecteurs primaires de rappeler tout le personnel à l'esprit comme à la lettre de la loi sur les écoles maternelles ;

5° Il paraît peu croyable et il est pourtant certain que trop généralement ce personnel ignore les lois, règlements et circulaires concernant les écoles maternelles. Vous devez exiger et vous assurer qu'il les connaisse et s'y reporte fréquemment, ne serait-ce que pour se confirmer dans les directions qui leur sont données et pour les opposer aux prétentions de leurs collègues de l'enseignement primaire et des familles ;

6° Enfin, il n'est que trop vrai que les municipalités, insuffisamment averties, manquent souvent à leurs obligations vis-à-vis de l'école maternelle. C'est un devoir pour l'Administration de les mettre en demeure :

a) De nommer un médecin inspecteur et de veiller à ce qu'il remplisse rigoureusement les devoirs qui lui incombent (décret organ. 1887, art. 3). Une école maternelle mal surveillée peut devenir un foyer dangereux et permanent d'infections infantiles.

b) De pourvoir les locaux scolaires :

1° De privés conformes à l'hygiène ;

2° De lavabos.

c) De fournir un mobilier scolaire proportionné à la taille des enfants ;

d) D'approprier les menus des cantines à l'âge des enfants qui fréquentent l'école ;

e) De fournir en quantité suffisante et de renouveler selon les besoins :

1° Les jouets ;

2° **Le matériel indispensable aux exercices manuels.**

f) De procurer le matériel nécessaire pour le balayage humide.

g) D'assainir les locaux au moins deux fois par an et après chaque épidémie.

Dans un temps où le souci de la santé publique et les questions d'hygiène générale prennent une place de plus en plus grande et légitime dans les préoccupations du Gouvernement, j'attache une importance capitale à l'observation des prescriptions contenues en cette circulaire, et je vous prie d'en assurer l'application rigoureuse.

BIENVENU-MARTIN.

Récompenses

Il est donné aux enfants, à titre de récompense, des bons points, des images ou des jouets.

A la fin de chaque mois, les bons points sont échangés contre des images ou des jouets.

Sont interdites les distributions de prix.

Les seules punitions permises sont les suivantes : privations, pour un temps très court, du travail et des jeux en commun, retrait des bons points.

Il est interdit de surcharger la mémoire des enfants de dialogues ou scènes dramatiques en vue de solennités publiques.

Il ne pourra être introduit dans l'école maternelle aucun livre, aucune brochure, ni manuscrits étrangers à l'enseignement.

Toute pétition, quête, souscription ou loterie est interdite dans l'école maternelle.

Il ne peut être toléré aucune espèce d'animaux domestiques dans les parties de l'école maternelle réservées aux enfants.

Le règlement général et le règlement spécial sont affichés dans toutes les écoles maternelles publiques, et à la mairie de toutes les communes possédant une de ces écoles.

Chaque année, la directrice adresse à l'inspectrice départementale ou, à son défaut, à l'inspecteur primaire, un rapport détaillé sur tout ce qui concerne l'établissement qui lui est confié.

Sauf décision spéciale de l'inspecteur primaire, les élèves ne passeront de l'école maternelle ou de la classe enfantine à l'école primaire qu'à l'une des trois époques suivantes : rentrée d'octobre, 1er janvier, rentrée de Pâques.

BIBLIOGRAPHIE

AUTEURS AYANT ÉTUDIÉ LA QUESTION DES LOCAUX SCOLAIRES EN GÉNÉRAL

BAUDIN (Henry), architecte : *Les constructions scolaires en Suisse* (Monographie de l'école moderne et 77 types d'écoles). — Editions d'art et d'architecture, Genève, 1907.

CLARY (Félix) : *Modern School building.* — *Elementary and secondary.* — *Treatment of class rooms, lighting, warming, ventilation and sanitation.* — Batsford, Londres, 1906.

Congrès international d'art public. — Liège, 1905 ; 3ᵉ congrès, Bruxelles, 1906.

Congrès d'hygiène scolaire et de pédagogie physiologique, à Paris, 1905 (2ᵉ congrès). — J. Rousset, Paris, 1906.

Handbuch der Architektur, IV. Theil, 6 Halb-Band, Heft I. — *Schulbanwesen in allgemeinen Volksschulen und andere niedere Schulen*, etc. — Stuttgart, 1903.

HINTRAGER (C.) : *Das moderne Volksschulhaus.* — *Der Bau und die innere Einrichtung desselben in technischer und hygienischer Beziehung.* — Vienne, 1902.

LERAY et LABEYRIE. — *Guide pratique de la construction des écoles.* — Paris, 1904.

LERAY et MARCHAND : *Manuel administratif à l'usage des architectes, maires, administrateurs, agents-voyers et constructeurs.* — Paris, 1906.

MEYER (H. T. Malthias) : *Die Schulstatten der Zukunft.* — Hambourg et Leipzig, 1903.

SCHAUFELBUEL (Ed.) : *Ein modernes Schulhaus.* — *Schulhygienische Studien.* — Baden, 1902.

PÉDAGOGIE

BALDWIN. — *Le développement mental chez l'enfant et dans la race.*

BINET (Dʳ). — *Les idées modernes sur les enfants ; Les enfants anormaux.*

BRAUNSCHWEIG. — *L'art et l'enfant.*

CHALAMET (Mˡˡᵉ). — *L'école maternelle.*

CLAPARÈDE. — *Psychologie de l'enfant et pédagogie expérimentale.*

COMPAYRÉ. — *L'éducation intellectuelle et morale ; Cours de pédagogie théorique et pratique; L'évolution physique, intellectuelle et morale.*

EGGER. — *Observations sur l'intelligence et le développement de l'enfant.*

FLEURY (Dʳ). — *Le corps et l'âme de l'enfant.*

GIRARD (Mᵐᵉ). — *Education de la petite enfance.*

GRIMARD. — *L'enfant, son passé, son avenir.*

GUYAU. — *Education et hérédité.*

KERGOMARD (Mme). — *L'éducation maternelle à l'école* (2 vol.).

KERGOMARD et BRÈS. — *L'enfant de 2 à 6 ans.*

LE BON (Gustave). — *Psychologie de l'éducation.*

PAYOT. — *L'éducation de la volonté; Aux instituteurs et aux institutrices; Les idées de M. Bourru.*

PÉREZ. — *Les trois premières années de l'enfant ; L'enfant de 3 à 7 ans ; L'éducation morale dès le berceau ; L'éducation intellectuelle dès le berceau; L'art et la poésie chez l'enfant.*

PREYET. — *L'âme de l'enfant.*

QUEYRAT. — *Les jeux des enfants.*

SULLY (James). — *Etudes sur l'enfance.*

TOLSTOÏ. — *L'école de Jasnaïa Poliana ; Souvenirs d'enfance et de jeunesse.*

Collection du *Bulletin de la Société libre pour l'étude psychologique de l'enfant.*

Revue pédagogique : Articles divers d'hygiène et de puériculture. Voir en particulier, 15 février 1907 : *L'assistance médicale à l'étranger).*

LITTÉRATURE

AICARD. — *L'âme d'un enfant.*

B. BONNET. — *Un paysan du Midi.*

DAUDET (Mᵐᵉ). — *Enfance d'une Parisienne.*

DAUDET (Alph.). — *Le petit Chose : Vie d'enfant.*

DROZ (Gust.). — *L'Enfant.*

FRANCE (Anatole). — *Le livre de mon ami; Pierre Nozières.*

LICHTENBERGER. — *Petit Trott ; Petite sœur de Trott ; Line.*

LOTI. — *Roman d'un enfant.*

MARGUERITTE (frères). — *Poum ; Zette.*

MICHELET (Mᵐᵉ). — *Mémoires d'une enfant.*

RENARD. — *Poil de Carotte.*

RENAUDIN. — *Histoire d'un petit Homme.*

SAND (Georges). — *Histoire de ma vie* (1ᵉʳ volume).

LÉGISLATION.

Rapport sur l'organisation et la situation de l'enseignement primaire public. — Paris, Imprimerie nationale, 1900.

GRÉARD. — *Législation de l'instruction primaire en France.* 6 volumes. (Recueil de textes de 1789 à 1900.)

A. DURAND. — *La législation des écoles maternelles.*

Les classes enfantines. — Introduction par F. Buisson. — Fascicule n° 62 des Mémoires et documents publiés par le Musée pédagogique, 1888.

Mlle MATRAT et Mme KERGOMARD. — *Les écoles maternelles.* — Monographie pédagogique n° 51, 1889. Tome VI du Recueil des monographies, p. 211 à 308.

GOBRON. — *Législation et jurisprudence de l'enseignement primaire public et privé.* — Paris, 1908.

Plans-sommaires de législation et d'administration scolaires. — Paris, 1909.

LE VEILLEUR et FORTEMPS. — *Législation financière de l'enseignement primaire* (Traitements et indemnités du personnel).

PICHARD et WISSEMANS. — *Nouveau Code de l'instruction primaire.* — Paris, 21ᵉ édition, 1909.

DURSENT et DELORME. — *Code pratique de l'enseignement primaire.* — Paris, 2ᵉ édition, 1909.

Les indications ci-dessus n'ont aucun caractère exclusif. Elles forment un simple tableau récapitulatif des principales œuvres *contemporaines* scientifiques et littéraires qui intéressent la vie et l'éducation de la première enfance. — Si ces indications ne remontent pas au delà du dernier demi-siècle environ, c'est que les œuvres antérieures sont bien connues et ont été déjà mille fois énumérées.

ANNEXE

Extrait du journal « L'éducation enfantine »

Voilà donc *deux emplois du temps bien distincts*, à l'usage des écoles maternelles à deux sections [1] : celle des écoliers de deux à quatre ans et de celle des écoliers de quatre à six ans, ce qui est le type le plus fréquent et le seul qui soit prévu au règlement modèle de 1887.

Ces emplois du temps ont été combinés en consultant à la fois l'expérience de plusieurs directrices et celle des savants qui ont étudié l'enfance et mesuré les efforts que l'on peut demander à la majorité des écoliers entre deux et six ans.

D'une façon générale, il y aura donc lieu de suivre ces indications. Il est bien entendu cependant que, selon certaines particularités locales, certaines ressources, certains traits de caractère, on devra modifier quelques occupations.

Par exemple, le voisinage de la mer fournira abondamment des coquillages qui, en de fréquentes occasions, se substitueront tout naturellement à d'autres jouets plus rares peut-être, boutons, marrons, graines, etc. Il faut cependant se garder d'un matériel trop monotone, sous prétexte de difficultés à se procurer davantage. La variété est absolument nécessaire, et il serait très avantageux aux écoles d'organiser un système d'échanges qui répandrait un peu partout les richesses spéciales à nos différentes régions. De plus, nous convions les maîtresses à découvrir des nouveautés intéressantes, et non seulement à les ajouter à nos énumérations, mais encore à les communiquer au Journal qui en fera volontiers mention.

D'autre part, selon la saison, il pourra être bon de changer momentanément les heures de certaines occupations : ainsi, pour éviter que les plus mouvementées soient aux heures chaudes de l'été, — au contraire, il faudra mettre aux heures les plus claires de l'hiver celles qui demandent le plus d'effort visuel.

Enfin dans les écoles à une seule maîtresse, il sera indispensable de combiner les deux emplois du temps afin que les petits y trouvent des passe-temps à leur portée conjointement avec les grands, ou bien tandis que ceux-ci seront autrement occupés de leur côté.

En résumé, c'est un devoir pour chaque maîtresse d'adapter minutieusement l'emploi du temps aux circonstances, afin d'en tirer le meilleur parti possible pour le bien être et le bon développement des enfants.

S. Brès.

---

1. Il peut y avoir d'ailleurs dans chaque école autant de sections parallèles que le permet le nombre des maîtresses.

NOMS DES JOURS	9 heures à 9 h. 15' *Passage aux privés — Suspension des vêtements — Lavabos*	9 h. 15' à 9 h. 30'	9 h. 30 à 9 h. 45' *Passage aux privés — Évolutions au grand air*	9 h. 45' à 10 heures	10 heures à 10 h. 15' *Rondes et jeux — Évolutions au grand air — Passage aux privés*	10 h. 15' à 10 h. 45'	10 h. 45' à 11 heures *Prise et mise des vêtements — Appel*	11 heures à 2 heures *Déjeuner et récréation*	2 heures à 2 h. 15' *Passage aux privés — Suspension des vêtements — Lavabo*	2 h. 15' à 2 h. 35'	2 h. 35' à 2 h. 45' *Exercices rythmiques de respiration profonde au grand air*	2 h. 45' à 3 heures	3 heures à 3 h. 15 *Passage aux privés — Évolutions au grand air*	3 h. 15' à 3 h. 45	3 h. 45 à 4 heures *Prise et mise des vêtements — Appel*
Lundi		Lecture d'Image		Constructions Cubes Bobines Marrons		Jeux Libres Objets à traîner chariots, seaux, etc. (Dans la cour le plus souvent possible)				Travail manuel Parfilage		Chant Récitation		Poupées Jeux dirigés 15' Jeux libres 15'	
Mardi		Vocabulaire OBSERVATION D'OBJET Les leçons de vocabulaire sont une énumération de mots relatifs à un objet qu'on a sous les yeux : Ses parties, ses usages, etc. *Les objets sont vraiment présents toujours.*		Dessin avec lattes, bâtonnets Essais de crayonnages		Gymnastique et Étude de Rondes et Jeux				Travail manuel Pliage		Toilette Apprendre aux enfants à se laver la figure, le cou, les mains, à s'habiller, à se déshabiller, à se peigner, à se boutonner, à se déboutonner, lacer leurs souliers, les délacer, nouer les cordons, etc.		Balles Jeux libres 15' Jeux dirigés 15'	
Mercredi		Guignol ou Historiette sur l'image de lundi		Constructions Briques Animaux de Bois		Jeux Libres (comme lundi)				Travail manuel Perles		Chant Récitation		Poupées (comme lundi)	
Vendredi		Vocabulaire (Observation d'objets)		Dessin avec boutons, cailloux, graines diverses, coquillages, crayonnages		Jeu Libre et Jeu dirigé Marche sur planchette courses califourchon, etc.				Travail manuel Pliage et Déchirage		Toilette (Mêmes exercices que mardi soir)		Balles Jeux comme mardi	
Samedi		Guignol ou Historiette mimée		Jeux et Exercices avec pliages faits par les grands		Gymnastique et études de rondes et jeux Jeux Libres				Travail manuel Perles		Toilette (Mêmes exercices que mardi)		Jeux dirigés Genre du Pont d'Avignon	

Tous les jours, à l'arrivée des enfants : Inspection sérieuse et détaillée de la tenue { Propreté — Visite des paniers. Ordre.

Dans chaque école, il y aura lieu d'établir les listes suivantes :
- 1° Liste des jouets possédés ;
- 2° — des jeux à enseigner ;
- 3° — des évolutions à enseigner ;
- 4° — des soins de toilette et soins ménagers à enseigner.

Mlle Brés, inspectrice générale des Écoles maternelles, a fait à l'École normale d'Institutrices, sur les Écoles maternelles, une conférence dont le compte rendu a été inséré au *Bulletin départemental*. Pour faciliter la mise en pratique des conseils donnés par Mlle Brés, M. l'Inspecteur d'Académie a établi le présent emploi du temps, qui a été revu et mis au point par Mme l'Inspectrice générale. Cet emploi du temps devra être suivi dans toutes les Écoles maternelles du Cher.

Bourges, le 1er Octobre 1904.

L'Inspecteur d'Académie,
Maurice BERTHELOT.

EMPLOI DU TEMPS DES ÉCOLES MATERNELLES

DÉPARTEMENT DU CHER

SECTION DES GRANDS

Enfants au-dessous de 7 ans. Emploi du temps établi par le Comité d'hygiène en 1888.

MATIN

- 20 minutes — Exercices intellectuels.
- 15 — Évolutions, jeux et chants.
- 20 — Exercices manuels.
- 15 — Évolutions, etc.
- 20 — Exercices intellectuels.

SOIR

- 20 minutes — Exercices manuels.
- 15 — Évolutions, etc.
- 20 — Exercices intellectuels.
- 15 — Évolutions, etc.
- 20 — Exercices manuels.

Matin

NOMS DES JOURS	9 heures à 9 h. 15 — *Passage aux privés — Suspension des vêtements — Lavabo*	9 h. 15 à 9 h. 30'	9 h. 30' à 9 h. 40' — *Passage aux privés — Évolutions au grand air*	9 h. 40' à 10 heures	10 heures à 10 h. 15 — *Passage aux privés — Évolutions au grand air — Rondes et Jeux*	10 h. 15' à 10 h. 45'	10 h. 45' à 11 heures — *Prise et mise des vêtements — Appel*	11 heures à 2 heures — *Déjeuner et récréation*
Lundi		Lecture d'image		Dessin ou Écriture en rapport avec l'image		Lecture		
Mardi		Vocabulaire (OBSERVATION D'OBJET). Les leçons de vocabulaire sont une énumération de mots relatifs à un objet qu'on a sous les yeux : Ses parties, ses usages, etc. Les objets sont vraiment présents toujours.		Jeu dirigé 10' / Jeu libre 10' (Poupées)		Lecture		
Mercredi		Historiette sur l'image du lundi		Jeu tranquille dirigé : Pigeon-vole — Main chaude — Objet caché — Colin-maillard — à la devinette.		Lecture		
Vendredi		Vocabulaire (Observation d'objet) / Vocabulaire (Conjugaison orale)		Dessin ou Écriture se rapportant à l'objet		Lecture		
Samedi		Historiette ou Causerie sur les animaux ou Leçon de Choses etc.		Jeu dirigé comme mercredi		Lecture		

Soir

NOMS DES JOURS	2 heures à 2 h. 15 — *Passage aux privés — Suspension des vêtements — Lavabo*	2 h. 15 à 2 h. 45	2 h. 45' à 3 heures — *Exercices rythmiques de respiration profonde au grand air*	3 heures à 3 heures 15'	3 h. 15' à 3 h. 30' — *Passage aux privés — Évolutions au grand air*	3 h. 30' à 3 h. 50'	3 h. 50' à 4 heures — *Prise et mise des vêtements — Appel*
Lundi		Travail manuel — Pliage ou autre (Répétition des mêmes objets pour les petits)		**Écriture.** Les signes d'écriture doivent être consignés et étudiés comme des dessins. — En outre, les enfants doivent être très surveillés pour éviter les mauvaises habitudes qui amènent les déviations corporelles, les maladies visuelles. Il faut donc faire des leçons d'écriture, continuellement dirigées par la maîtresse.		Gymnastique et études de rondes et jeux, préau ou plein air	
Mardi		Travail manuel — Tissage ou autre		Calcul oral / Calcul écrit avec dessins		Jeu dirigé 10' / Jeu libre 10' (Balles)	
Mercredi		Travail manuel — Variété selon la saison		**Toilette.** Apprendre aux enfants à se laver la figure, le cou, les oreilles, les mains, se peigner, s'habiller, se déshabiller, se boutonner, se déboutonner, lacer leurs souliers, les délacer, nouer les cordons, etc.		Chant / Récitation	
Vendredi		Travail manuel — Pliage et découpage ou autre (Répétition comme lundi)		Calcul oral / Calcul écrit avec dessins		Études de rondes et Jeux	
Samedi		Travail manuel — Tissage ou autre (comme mardi)		Toilette (Mêmes exercices que mercredi)		Chant / Récitation	

Tous les jours, à l'arrivée des enfants : Inspection sérieuse et détaillée de la tenue. — Propreté. — Visite des paniers. Ordre.

Dans chaque école, il y aura lieu d'établir les listes suivantes :

1° Liste des jouets possédés ;
2° — des jeux à enseigner ;
3° — des évolutions à enseigner ;
4° — des soins de toilette et soins ménagers à enseigner.

Mlle Brès, inspectrice générale des Écoles maternelles, a fait à l'École normale d'Institutrices, sur les Écoles maternelles, une conférence dont le compte rendu a été inséré au *Bulletin départemental*. Pour faciliter la mise en pratique des conseils donnés par Mlle Brès, M. l'Inspecteur d'Académie a établi le présent emploi du temps qui a été revu et mis au point par Mme l'Inspectrice générale. Cet emploi du temps devra être suivi dans toutes les Écoles maternelles du Cher.

Bourges, le 1er octobre 1904.

L'Inspecteur d'Académie,
Maurice BERTHELOT.

TABLE DES MATIÈRES

Tours. — Imp. Deslis Frères, 6, rue Gambetta.